Sandra Day O'Connor
[美] 桑德拉 · 戴 · 奥康纳◎著
柳青　刘海燕◎译

谁塑造了美国

大法官眼中的自由与正义

OUT OF ORDER

Stories from the History of the Supreme Court

浙江人民出版社

图书在版编目（CIP）数据

谁塑造了美国：大法官眼中的自由与正义 /（美）桑德拉·戴·奥康纳著；柳青，刘海燕译. —杭州：浙江人民出版社，2016.12
ISBN 978-7-213-07475-2

Ⅰ. ①谁… Ⅱ. ①桑… ②柳… ③刘… Ⅲ. ①司法制度－研究－美国 Ⅳ. ①D971.26

中国版本图书馆CIP数据核字（2016）第148266号

浙江省版权局
著作权合同登记章
图字：11-2016-261号

谁塑造了美国：大法官眼中的自由与正义
(美) 桑德拉·戴·奥康纳　著　柳青　刘海燕　译

出版发行　浙江人民出版社（杭州市体育场路347号　邮编310006）
责任编辑　张世琼
责任校对　姚建国　张志疆
封面设计　苏艾设计
电脑制版　书情文化
印　　刷　北京鹏润伟业印刷有限公司
开　　本　880毫米×1230毫米　1/32
印　　张　8.5
字　　数　146千字
版　　次　2016年12月第1版
印　　次　2016年12月第1次印刷
书　　号　ISBN 978-7-213-07475-2
定　　价　45.00元

如发现印装质量问题，影响阅读，请与市场部联系调换。
质量投诉电话：010-82069336

谨以此书献给我的法官助理们，他们帮助我了解和研究了最高法院的历史，让我对其更加仰慕。献给克雷格·乔伊斯，正是在他的鼓励下，本书才得以问世。

这本书是我退休之后写的，近25年的大法官生涯使我收获良多。我带着虔诚的心开始了这份事业，一路走来，如履薄冰。当我回忆起这段历程的时候，依然对最高法院和我的同事们充满敬畏。无论在其建立初期，还是在今天，最高法院都有其存在的重要意义。

愿其永存。

谁塑造了美国：

大法官眼中的自由与正义

目录 / CONTENTS

OUT
OF
ORDER

前　言

1981年9月25日是我作为大法官上任的第一天，这是我第二次踏上联邦最高法院大门前的台阶。若干年前，我曾与丈夫约翰作为纯粹的观光客到访于此。当时，他正在相邻的弗吉尼亚州接受军事培训。那天恰逢周六，法院没有开门，我只得让约翰站在大理石台阶上给我拍照留念。记忆中，那是我距离最高法院最近的一次。多年后，我都不敢想象自己竟会作为大法官再次来到这里，并且一干就是近25年。

这座建筑的外观气势宏大，每年都会吸引很多游客驻足于此。大家惊诧于这些大理

大法官沃伦·伯格陪同桑德拉·奥康纳在最高法院前面的台阶授职。

石台阶带来的肃穆之感，也会被正面那行醒目的铭文吸引——“法律之下，人人平等（Equal Justice under Law）”。最高法院的形象激励人心且意义深远，它代表着对全社会的郑重的法律承诺，诠释了开国先父创建独立司法体系的美国梦想，法官们可以依照法律行事，不受政治干预而做出公正裁决。

大部分人会认为，立法机构和行政机构是非常重要的，因为他们负责制定法律并予以实施。制宪者们创建了一个强有力的中央政府来表达并实现民意。因为推翻君主统治的革命刚刚结束，在他们心目中，民选代表组成的立法机关才能对民众负责，才是一个真正意义上的“共和”[1]政府的核心所在。尽管乔治三世的暴虐统治让大家对行政机构失去了信任，但制宪者们认为有必要推举一个遵从民意而充满活力的总统。从《十三州邦联宪法》中可以看出，一个羸弱却独立的中央政府一直在努力地满足民众的需要、倾听民众的呼声。

但是这些制宪者为何没有像设置立法机构和行政机构那样，为新政府建立一个民选的司法机构呢？既然建国之初各州都拥有了自己的法院，为何还要建立联邦司法体系呢？时至今日，各州法院依然负责审理涉及各个领域的绝大多数案件。

制宪者们期望创立独立的联邦司法体系，因为他们明白，这个崭新的国家政治体系不能不受制约。国会议员和总统是民选的代表，基于这个身份，他们必须符合民意、为民说话，不能代表不符合民众利益的群体。因此，联邦法院的主要职责便是防止上述政治机构任何越权的行为，由此来保证司法机构也能够捍卫绝大多数人之外的少部分人的利益。

这座位于首都华盛顿第一街的宏伟建筑代表了开国者的愿景。它作为一个独立而平等的政府机构，与国会大厦隔街相望，与白宫近在咫尺。如今，联邦最高法院负责定期审查国会和行政机构的行为是否合法。大法官们还需要依法终止政府的某些无效行动。虽然最高法院做出的一些判决常常处于舆论的焦点，但那些持有非议的人最后也必须严格遵守。事实上，最高法院的权威经受了重重考验才得以树立，如20世纪50年代的学校种族隔离问题以及本世纪初的反恐战争。

1981年至2006年，我有幸在联邦最高法院工作，亲历了一系列重要事件，涉及各州的权利、种族平权措施、被告享有律师有效援助的权利等。我和我的同事们一直在竭力寻找最公正的答案，希望我们做到了。我们尽可能地排除来自政治上的压力，应对各种棘手的问题。

这些年中，我也逐步适应了由最高法院的重要角色所带来的种种特殊待遇。比如，我身边总有8位精通法学、敬业执着、愿意奉献毕生力量的杰出同事；有固定的开庭时间，我享有私人的办公空间，还配备了专职助理和新闻记者工作的办公室，一切运转自如；这里的工作人员素质一流，我每年都可以挑选才华横溢的法官助理来协助我的工作。

当然这一切都有个变化的过程。联邦最高法院在一代代工作人员日复一日的努力下，不断取得进步和发展。这是一场需要胆识、勇气及冒险精神的政治试验，一开始显得平淡无奇且前途未卜。回想起早期那些艰难的岁月，我们就会惊奇地发现，最高法院已经有了翻天覆地的变化，而与这种变化相伴的正是无数的艰难挣扎和种种机缘巧合。最令我感到不可思议的是它成立最初几十年间法官们探索未知领域的执着精神。许许多多大法官都曾做出过贡献——无论是大刀阔斧的改革还是悄无声息的改变，无论是众人皆知的举措还是鲜为人知的努力——这些行动不仅有利于法律的成熟，更有利于制度的完善和内部运作的顺畅。

我希望本书能阐明最高法院的一些变化，其中出现的这些人或事见证了最高法院的发展和演进。

无论是历任的大法官，还是他们的法官助理；无论是庭上侃侃而谈的律师，还是幕后辛勤付出的工作人员，最高法院在人事组成方面不断变化，这从历届总统为最高法院设置的被提名人选的标准上就能看出一二。在乔治·华盛顿总统的心目中，候选人要坚定地支持联邦党人的事业，拥护《美国宪法》，或者为独立战争做出过贡献，或者是各州的政治活跃分子，或者受到知名联邦党人的推荐。总之，这些人要大力支持联邦政府。而奥巴马总统表示，他希望物色拥有“敏锐而独立思维”的人，他们要懂得“正义并不是某个抽象的法律条文”，他们要“与民众同呼吸、共命运，做出公正裁决，达成公平结局”[2]。

大法官的生活也和平常人不同。1791年，约翰·拉特利奇工作不满两年就离开了工作岗位，因为他对在最高法院无所事事的状态深感无奈，宁愿选择去南卡罗来纳州民事诉讼法院这样的下级法院工作。即使在成立初期，大法官就任不久就离开法院而去从政的情况也不少见。大法官戴维·戴维斯1877年辞职后，在参议院谋得了一席之地。大法官查尔斯·埃文斯·休斯在1916年辞职后参加了总统竞选（1930年他又返回最高法院工作）。然而今天，我们已经对大法官能终身任职感到习以为常了。1981年之前，人们很难想象女性能成为大法官，但今天，有3位女性登上了联邦最高法院的工作席。

成立初期，去说服一些合适的候选人并让他们相信大法官的工作意义重大，的确是件困难的事情。在执行“巡回审判”制度的年代，大法官们必须往返于乡间，去主持下级法院的审判和上诉。许多大法官每年骑马、乘马车或搭轮渡走过的路程长达10000英里，更别提途中遭遇的各种问题了。[3]直到1935年，最高法院才拥有了固定的办公场所。在此之前，最高法院曾先后落户于纽约的商业交易所大楼、费城的州政府及华盛顿特区。今天，大法官们不用经历舟车劳顿，就能够在位于第一街的办公大楼中享受体面、舒适的环境。

最高法院的日常运作和惯例也发生了一些变化。早期，法院接手的案件非常有限。约翰·马歇尔任首席大法官时期，最高法院的开庭期通常只需6周。[4]如今，最高法院每年的开庭期大约是9个月，即从每年的10月至次年的6月。法院在审理案件中所发挥的作用也不同以往。19世纪末，最高法院受理的都是强制上诉的案件——也就是在理论上大法官必须判决的案件，而无法顾及案件的重要性、紧迫性等因素。如今，最高法院可以依据自己的标准，每年从大约8000起申请“调卷复审令”的案件中选择一小部分审理。

最高法院的司法实践也呈现出不同的面貌。早年的律师辩护发言没有任何时间限制，也不受任何规矩制约，大法官们常常会“安静地听律师说上数小时，既不会叫停也不会打断”[5]。狄摩西尼式和西塞罗式的高超雄辩术在当时备受尊崇，口头辩论甚至能持续10天之久[6]。现在，每一方的口头辩论时间不能超过30分钟，经典的陈述模式不再适用，辩护律师可能说不完两句话就被法官打断，接受刁钻的发问。

每次回顾最高法院的发展历程，我都能感受到自身的渺小。我近25年的工作经历不过是这个丰富长卷上的一笔。每位大法官都是匆匆过客，他们的经历只是惊鸿一瞥。那一幅幅悬挂着的肖像——有些声名显赫，有些默默无闻——却使得大厅熠熠生辉。今天的最高法院凝结着许多人毕生的心血。

我退休后，被国内外的朋友问及最多的问题便是，作为一个知情人，对最高法院的现在和将来有何看法？他们常常是在报纸上看到一起有争议的案件或者读到某本自称“全盘揭秘”的书后产生了这类疑问。我的答案往往是，能在最高法院工作是我的荣幸，我和在一起奋斗的同事们之间有着深厚的感情，法官在每起案件中都力求公正。我希望自己表达出对最高法院工作的理解及超越报纸头条的深层内容：它承载着制宪者们的梦想，代表着法律的荣耀，也凝结着许多人的辛勤工作、危险行动以及自我牺牲的精神。

我希望记录下最高法院的丰富文化遗产，因为它们是那样令人回味无穷，令人信心倍增。于是就有了这本书。只有在追溯它的完整发展历程时，我们才会感激先父们的杰出功勋，才会对联邦司法制度的卓越成就心存敬畏。

OUT
OF
ORDER

作用凸显

总统与最高法院的历史交叉点

司法机构和行政机构都拥有宪法赋予的权利和义务，但各自扮演的角色却大不相同。行政机构负责执行法律，最高法院在负责诠释法律的同时，却根本无权要求别人遵守法律，也没有为执行其指令而调拨资金的权力。民选总统有明确任期，而联邦法官则由总统提名，经参议院通过后才可任命，并能终身履职。行政机构反映了大多数人的政治意愿，而司法机构需要对政治机关的权力进行监督。如此看来，行政机构和最高法院在长期的工作中，互有配合又常生龃龉便不足为奇了。

威廉·霍华德·塔夫脱曾讲述过一件事。他称自己曾孤零零地置身于一个乡村火车站，当他得知只有乘客人数较多火车才会进站时，就打电话给列车员说："请在希克斯维尔停一下，有大批乘客正在这里候车。"火车进站了，塔夫脱独自上了车。见列车员满脸疑惑，他安慰道："继续开吧，我代表的就是大党（英语中，与大批乘客同音）。"

我们听到这个故事后会心一笑，这是因为想到塔夫脱先生那超过三百磅的巨大身躯。他曾先后担任美国第二十七任总统和第十任首席大法官，作为唯一一位曾执掌两大部门的权威人士，他亲自体验了这两个在西方世界中有举足轻重地位的机构所带来的责任。这两个身份也让他见识了《美国宪法》这枚硬币不同的两面。

的确，这部非同寻常的《美国宪法》承认了这些机构各自的重要作用。当然，它们的利益有时相一致，有时会发生冲突，它们会在保护少数人权利的前提下，去实现大多数人的意愿。只要留心这两个机构间的博弈就能深刻领会宪法的博大精深。

诠释司法和行政机构在冲突中较量的特点，无须追溯到共和国早期，选取两个传奇人物就能说明问题。约翰·马歇尔和托马斯·杰斐逊两人是表兄弟，但私下里交恶已久。他们之间的交流表面上显得一板一眼，实则针锋相对，围绕的主题无非是两个：一是相较于政府其他部门而言，司法机构的合适地位；二是为今天我们熟悉的宪法性法律进行合理定位。

杰斐逊差点与第三任总统职位失之交臂，当他与阿伦·伯尔的票数相等时，众议院最终选择了他。马歇尔差点与第四任首席大法官的职位擦肩而过——由于第一候选人约翰·杰伊拒绝连任，马歇尔接受了约翰·亚当斯的提名而如愿以偿。1801年，当命运把两人带到了各自的位置上，杰斐逊和马歇尔便开始相互争斗，所用手段令政客们瞠目结舌。

上任不久，杰斐逊就设法使马歇尔遭遇弹劾，理由是对方“非法且可非难”[1]的行为。杰斐逊曾感慨道，法律掌控在马歇尔手里“不过就是含混不清的文本，任由他歪曲成符合自己意愿的模样”[2]。他对自己任命的那些法官感到失望，愤怒地称他们既“懒惰”，又软弱，根本无法对抗那位“狡猾的首席大法官”[3]。

马歇尔同样认为杰斐逊是个“根本不称职”[4]的总统。

杰斐逊称这位首席大法官是一个“作风懒散……伪善透顶的家伙”[5]。在相当长的一段时间里，这两个“演员”奉献了一出充满仇恨的戏码。除了相互间的敌意外，他们在政府的功能以及司法和行政机构的平衡问题上也存在根深蒂固的分歧。

历史证明，正是马歇尔对“马伯里诉麦迪逊案”的判决，永久地确立了最高法院的合法性和重要性，让这位首席大法官以毫不起眼的方式漂亮地击败了总统。在许多人眼中，这起案件逐渐树立了最高法院的权威，让它能够审查政治机构的行为，从这个意义而言，我们可以称之为“马歇尔诉杰斐逊案”。

这段时间究竟发生了什么呢？在1800年大选中，马歇尔所在的联邦党把行政权和立法权都拱手让给了杰斐逊的民主共和党。为保留在政府中的最后一些影响力，联邦党决定把持住最高法院。亚当斯总统任命当时的国务卿马歇尔担任首席大法官，国会通过了一系列法令来重建司法系统，设置了一些新职位留给任期将满的参议院和亚当斯总统来任命。于是，亚当斯填补了这些空缺——或者说他认为自己填补了这些空缺——使用的方法正是一连串的“午夜任命”。

大法官约翰·马歇尔的肖像

威廉·马伯里的肖像

这个举动遭到杰斐逊的有力还击。他成为总统后，拒绝为亚当斯任命的部分官员颁发委任状，威廉·马伯里就是其中一位。威廉·马伯里希望法院能够迫使政府颁布委任状，这起案件最后上诉到最高法院。

令人大为吃惊的是，首席大法官马歇尔拒签这个指令，否定了这个原本可以让对手杰斐逊束手就擒的行为，新总统看似取得了胜利。

这个拱手相让的“胜利”也给最高法院和马歇尔本人带来了一线希望。马歇尔和最高法院拒绝下达指令，是基于《1789年司法条例》的部分规定有违宪之嫌，它授权最高法院签署此类指令。

在1803年撰写的《最高法院一致意见书》中，马歇尔称“法院与其他部门同样受到宪法的制约”，更为重要的是，诠释宪法正是“司法机构的重要职权和责任”[6]。

这样一来，马歇尔放弃了国会所赋予的小权力而谋求了更深远而庞大的权力——可以对有人提出质疑的国会行动进行审查和判定，裁决其是否符合宪法精神。尽管遭到了表亲托马斯·杰斐逊的强烈反对，但马歇尔对于最高法院权力的大胆界定还是获得了成功，直至今天它依然是最终的官方表述。如今，马伯里和麦迪逊的肖像悬挂在最高法院的法官餐厅——它不断提醒后人，最高法院争取到同等地位历经了多少艰辛。

从杰斐逊和马歇尔的交锋中获得的启示还有很多。这是一个政府发展、演变和成长的故事，也是一段几大机构竞争、包容和进步的历史，当然，他们使用的招数可能令我们目瞪口呆。但更有意义的是，这个故事拉开了最高法院独特发展之路的序幕：司法和行政机构的工作人员虽然各有弱点，有时也会意见相左，但会带着真实的情感做出最真诚的承诺，那就是坚持做正确的事情。

第二个总统与首席大法官的经典交锋的案例来自亚伯拉罕·林肯和罗杰·布鲁克·托尼。这是为数不多的在任总统公然违抗法院命令的案例。

美国内战之初，脆弱的国家面临着种种问题。南方诸州脱离联邦政府，欧洲势力不断干预，使得这个年轻的共和国处于联邦和邦联的分裂当中。战争还暴露出另外一个隐患——虽然不像国与国之间的战争那么残酷，却对这个“孕育于自由”的国度更为有害。这个隐患就是，战时的政府可以利用手中的权力剿灭反对党。1861年4月，一队联邦士兵途经巴尔的摩，准备去修筑首都华盛顿附近的防御工事，一群南方诸州的支持者愤怒地发起攻击，联邦士兵奋力冲出包围，赶到巴尔的摩的火车站并搭乘前往华盛顿的列车。当晚后半夜，亲南方势力的当地政府炸毁了桥梁，破坏了巴尔的摩和华盛顿之间的电报线路。他们自称这么做是害怕士兵返回复仇，但客观上他们的确切断了两座重要城市之间的联系，给联邦政府带来了极大威胁。

国会此时处于休会阶段，林肯总统发现自己在首都孤立无援，南方的叛军不断逼近，北方也正面临一场暴乱。作为总司令的他果断采取行动，命令地方军队确保华盛顿至费城的铁路线畅通，并允许他们在此期间废除《人身权利法》。《人身权利法》又被称作《人身保护令》，它规定囚犯可以在受到非法拘留的情况下向法院提出释放要求。林肯废除了这个法令，就意味着他允许联邦军队可以在没有正当理由、没有合理根据、不经过陪审团的审判——无须经过任何程序便可以逮捕公民。在这个政策的庇护下，一位联邦将军逮捕了马里兰州立法机构的工作人员约翰·梅里曼先生，并把他带至巴尔的摩港的麦克亨利堡，原因是梅里曼一直负责招募叛军士兵。

那个时期，最高法院的大法官依然要进行“巡回审判”——也就是说，大法官除了最高法院的工作外，还要骑着马在乡村里穿梭，在下级法院履行联邦法官的职责。于是，梅里曼的诉讼请求自然送到了当地巡回法官手里，此人恰恰是首席大法官托尼。后者并不认同林肯政府的做法。他收到梅里曼的请求后，立刻命令麦克亨利要塞的看守把梅里曼带到法院，这个命令也是《人身权利法》的关键所在（habeas corpus的字面意思类似于“呈上身体”）。司令官拒绝执行这个命令，委派手下带信说，总统授权废除了《人身权利法》。

托尼非常生气，写下一段颇具煽动性的言论，称只有国会才有权力废除《人身权利法》。总统的职责是保证法律“得到严格执行”[7]，无权变更法律来满足自己的需要，战时也不应例外。

林肯没有对此做出回应。一个月之后，也就是7月4日，国会重新召开会议。林肯发表了慷慨激昂的演讲，其中一些句子至今为人所知。他称南部邦联早已抛弃联邦宪法，而托尼却要其在宪法的制约下行事，如果他不果断采取措施，华盛顿将会落入南方叛乱者的手中，国会再无机会重新议事。他公开发问：“一条未被遵守的法律，与为了不违反这条法律而使其他法律甚至是政府陷入崩溃，两者相比，孰轻孰重？”[8]

无论如何，国会最终通过了林肯废除《人身权利法》的决定，梅里曼遭到终身监禁。学者们对于林肯是否有权依照宪法的“中止条款”行事各持已见，这项条款规定《人身权利法》“只有在叛乱和入侵行为发生时，考虑到公共安全需要”才可以得以废除。这一条款出现在宪法界定国会权力的内容中，因此，有些人说只有国会才有权中止法律。从另一方面来看，它规定在“叛乱发生时”可以使用，作为总司令的总统要时刻保卫国家安全，所以另外一些人认为林肯的做法应该受到宪法的保护。简言之，林肯赢得了当时那场争论，1863年3月，国会最终做出了支持林肯的决定。值得称赞的是，林肯并没有利用国会的明确授权来践踏《人身权利法》所要保护的公民权利。

历史研究表明，林肯从未试图镇压政治上的反对分子。他坚持认为，只有人民对政府提出不同的声音，才有利于推动民主国家的进步，战时也不例外。他意识到，联邦的优势不仅在于军力，还在于用开放甚至激烈的思想捍卫自由的精神。无疑，林肯应该感到欣慰。在他遭到暗杀后不久，在战争走向终结之际，《人身权利法》如其所预言的那样得到恢复。他说，“自由与独立的基石”不是“险峻的堡垒、惊涛骇浪的海岸、战舰上的枪炮，甚至不是英勇无敌、纪律严明的部队”，而是“对自由的热爱”和“把自由视作全人类宝贵财富的精神”[9]。

从这个角度看，这两位重要历史人物的冲突，应该被当作总统和首席大法官对法律表现出的极大尊重。林肯和托尼引发的这场有关宪法的争议今天仍在继续。抛开这场争议突而言，我极为欣赏他们的性格，他们对原则的纯粹信仰，对战火中广大人民的投入，时至今日，依然令人动容。

总统与最高法院交锋的第三个著名案例来自富兰克林·德拉诺·罗斯福总统1937年提交的最高法院改组计划，它一般被称为“法院填塞计划”，因为这个计划打算把最高法院的大法官人数从9人增加至15人。的确，9人格局既无宪法约束，也没有刻在石碑上的规定。如果当时罗斯福的计划得以实现，今天的情形可能会完全不同。

罗斯福总统以工作任务繁重、法官年龄偏大为由提出增加法官数量。然而，历史学家长期以来对其真正目的达成普遍共识：罗斯福对当时的大法官非常不满意。为应对大萧条后的经济颓势，罗斯福总统推出一系列经济措施，而最高法院却对“新政”持批评态度。

平心而论，这并不是罗斯福意气用事。从1790年至1930年的140年间，最高法院一共否决了国会的60项法案。而仅在罗斯福的第一个任期（1933—1937）中，法院就否决了12项——其中不乏总统的心仪之作。1935年5月27日，简直是名副其实的“黑色星期一”，最高法院一下子把《全国工业复兴法》《铁路退休法》《农业调整法》全部废除。罗斯福总统担心，照这样的速度，最高法院很快就会全盘推翻他的新政。

于是，他巧妙地向国会提议，每当一位法官到了70岁，他就有权任命一位新法官。事有凑巧（或许有意为之），最高法院中有6位法官当时都超过了70岁。换句话说，这个计划将有助于实现总统对法院的大换血。

最终，罗斯福总统的“法院填塞计划”没有通过，它遭到了公众的强烈反对，因为这个计划无疑会把总统的亲信安插进国会，进而会使法院失去它的独立性。而且，这个计划的一个重要支持者——参议院多数党领袖约瑟夫·T.罗宾逊在参议院就此事展开辩论的几周后意外身亡。参议院投票同意把这个提案送至参议院司法委员会审议，但不久就遭到了否决。

由此，最高法院躲过了发展历史上的一个重要劫难。虽然它的人数没有增加，但影响力逐步提升。而且，最高法院也逐渐意识到，它与总统的关系虽然有时微妙，但耐人寻味。

关于这个主题意义最为深远的例子——至少从判例的角度看，应该是发生在1952年4月的一件事。当时正值朝鲜战争期间，故事的主角有哈里·S.杜鲁门总统、某钢铁工会工人以及大法官罗伯特·杰克逊。当时，杰克逊大法官身边的助理是个名叫威廉·H.伦奎斯特的年轻律师——后来他当上了首席大法官。

在朝鲜战争的关键时刻，钢铁行业与钢铁工人联合会的谈判陷入僵局。超过60万钢铁工人准备罢工，威胁将停止武器生产，这在杜鲁门总统看来，显然会影响战争中的美国军力。他曾对工人的现状抱以同情，用了几个月的时间耐心与之谈判，因为不见起色，便转而向顾问求助。杜鲁门总统得到的建议是什么呢？抢夺钢铁厂，迫使企业和劳工回到谈判桌，拒绝大幅提高钢铁价格的“离谱”要求。杜鲁门总统采纳了这个建议。预期的罢工开始前，他召开了临时新闻发布会，通过国家电视台宣布，他将命令商务部部长查尔斯·索耶接管钢铁厂并指挥生产。

总统的顾问们并未料到法院会介入这场纷争。史料表明，他们向杜鲁门提议说，司法机构卷入这个敏感问题的概率很低。他们认为，接管钢铁厂只是权宜之计，他们真正的目的是逼迫劳工和管理层与政府进行更有建设性的谈话，让这件事不再节外生枝。但结果却出乎他们的预料：诞生了一个将永远影响美国总统权力的法案，产生了一个最高法院的历史性判决。

让政府和钢铁厂律师都没想到的是，最初宣布这个行为违宪的居然是哥伦比亚特区地方法院的法官戴维·派因，他称总统夺取私营企业的做法“完全缺乏法律支持”。于是，哥伦比亚特区巡回上诉法院开始审理。

最后，最高法院接手了这场激烈的争辩。政府强调，总统的行为在历史上曾有先例，从美国独立战争、1812年战争、林肯发布《解放奴隶宣言》的内战时期，直至第一次世界大战、第二次世界大战，政府在战时夺取私营企业管理权的事件屡见不鲜。而钢铁公司方面认为，总统在没有得到国会明确授权的情况下，根本无权强占私营企业。

在“扬斯顿钢板、钢管公司诉索耶案”[10]中，最高法院支持地方法院对杜鲁门总统的指责：他的确超越了宪法所赋予的权力。大法官雨果·布莱克撰写了多数意见判决书，否定了政府的言论，认为总统在战时也不能无限地行使紧急权力。

一位大法官身穿印有“最高法院”字样的法袍，蒙着双眼，左手提着一个天平。天平的一侧放着一个卷轴，上书“美国宪法”，另一侧则坐着杜鲁门总统。载有宪法的一端显然更有分量。这幅漫画指的是1952年的“扬斯顿钢板、钢管公司诉索耶案”。

然而，此案中最有远见的审判意见来自大法官杰克逊，他对总统的权力给出了更精辟的看法。他避免对国会和总统的权力做泾渭分明的分割，而是提供了处理三者关系的框架，来综合考量总统权力、国会权力和最高法院顺从度。首先，当总统在国会的授权下行事时，其权力处于最大值。这种情形下，司法机构就不要干涉总统行使权力；其次，当总统在没有国会明确授意的情形下行动，他就进入了一个“灰色”地带，这时需要司法机构严格进行审查；最后，当总统违背国会的意见行事时，他的权力处于最低值，最高法院要制止这类行为。在杰克逊大法官看来，杜鲁门总统正是处于第三种情形——他的行为遭到了国会的否决。

杰克逊的论断成为这个案件最宝贵的财富。时至今日，许多学者和法官依旧参照这个框架来评估行政部门行为的合法性问题。

据说，杜鲁门要求一个高级顾问在白纸上记下法院给出的否决理由。第一行是这样写的：“关于钢铁厂停产产生的严重后果，最高法院用自己的判决代替了总统的判断。”[11]当总统受邀与大法官们共进晚餐时，他随身携带着这张记录了自己种种不是的纸片。

我们永远不可能知道杜鲁门对法官们说了些什么。但据说在晚餐结束时，他转向布莱克，自嘲地说了句："我不喜欢你的原则，但它的确有威力。"[12]

首席大法官伦奎斯特（左一）、大法官奥康纳（左二）、大法官斯卡利亚（左三）、约翰·奥康纳（左四，大法官奥康纳之夫）正等待参加乔治·W.布什总统2001年的首次就职典礼。

近些年来总统和最高法院在重大问题上各持己见的案例，最突出的莫过于2001年9月~11月恐怖袭击后的反恐战争。一系列针对美国本土的袭击不仅给人们带来心理上的恐慌，还影响了立法的变革，美国及其他国家围绕反恐和防恐做了大量努力。

美国国会通过了一项决议，即授权总统使用武力反对恐怖分子，也就是准许乔治·H.W.布什总统动用军事力量应对恐怖分子，并预防将来可能出现的恐怖袭击。由此，布什派兵前往阿富汗对付基地组织和塔利班。他还在古巴关塔那摩湾的美国海军基地建立了一个关押中心，并设置了审讯被羁押者的条例。这些举动致使最高法院做出了好几项判决，来界定政府在发动反恐战争方面的权力范围。

“哈姆迪诉拉姆斯菲尔德案”是第一例，哈姆迪是阿富汗战场上被捕的一名美军士兵，回国后被指控为“敌方战斗人员”。哈姆迪的父亲提交了诉状，称自己的儿子有权对此做出申辩。

2004年6月，我在意见书中写道：“一个受到羁押的公民反对‘敌方战斗人员’这个指控，他有权了解这项指控的事实根据，而且也拥有公平的机会在中立的裁决人面前反驳政府的指控。”[13]政府曾辩驳，在三权分立的体系中，法院在审查行政机关的自由裁决方面发挥的作用非常有限。而最高法院认为，在维护“统治的微妙平衡”[14]方面，无须对自己的角色做过多考虑。我们在结尾写道：“当涉及公民权利的问题时，战争状态对总统而言不是空头支票。”[15]

在“哈姆丹诉拉姆斯菲尔德案”中，军事法院是由总统设立来审判被关押者的机构，法院既考虑到它存在的合理性，也兼顾到诉讼中行使权力的有限性。最高法院认定，国会授权行政机构在军事法庭审讯恐怖分子嫌疑人，只限于一些特殊状况。最高法院为军事法庭设立了标准的审判程序，而没有对行政机构进行更多限制。尽管政府有权改变或调整这些规则，但它必须证明这套标准行不通。此案中，有四位法官认为这套规则违反了《日内瓦公约》第三条，根据它的规定，刑事判决必须由“公民认为能提供一切法律保证的常设法院”[16]来下达。

在最高法院对此案做出裁定后，国会通过了《军事审判委员会法令》。一些人认为，这个法令撤销了联邦法院对于“敌方战斗人员”指控相关案件的审判权。此法令颁布后，下级法院呈上的关塔那摩监狱犯人提出有关人身权利的质疑案例全部因缺乏司法管辖权而被驳回。

在“布迈丁诉布什案”中，最高法院裁定，关塔那摩的在押人员享有一项宪法赋予的权利，可以向联邦地方法院提起人身保护。它还认定，根据《军事审判委员会法令》，军事法院负责审查关塔那摩在押人员，但它的工作程序不能完全替代《人身保护令》。法院给出了如下解释："即使在特定时期，宪法和法律也应该发挥作用。自由和安全问题可以相互协调，但在我们的体制中，两者必须在法律框架内得以协调。"[17]

这些围绕反恐战争的案例，表明了各个机构之间的密切互动。因为许多难题至今没有明确的答案，这种相互影响还将继续。将自由的核心原则运用于关乎国家安全的重要问题中，对此法院的重要性不言而喻。从某种意义而言，民主一直就是平衡的支点，而政府的构架为种种和解提供了工作原理。

当时制定这部高明宪法的领导者们，可曾想到它会经历这些考验？他们可曾预见到人类的发展和意志的斗争推动着历史的车轮，以如此不可思议的方式不断向前？但可以肯定的一点是，他们至少预见到在危机发生的时刻——无论是真实存在的还是想象中的、国际的还是国内的、关乎个人的还是党派的——所有这些时刻不可避免地会将总统推至一个突破权

漫画《现在如何？》中，尼克松总统怀中紧抱着录音带，被一块上书“行政特权”的跷跷板弹起到半空。击打木板的正是一把写着“最高法院”的小锤。格恩齐·勒佩利作于1974年。

力的位置，会将法院置于一个审查总统行为的危险境地。常识告诉他们，各个机构位高权重，它们之间发生的争执也必然产生重大影响。

但是他们也相信，遭遇艰难时刻，相互制衡的体系将会提供更为开阔的视野。他们还相信，在这个羽翼未丰的国家，人民会明智地选出他们的领袖，而这些人也将不辱使命地去尊重为他们设定的准则。

今天，我们面临挑战之时，会满怀希望和骄傲，因为总统和司法机构曾走过那些艰难岁月。无疑，今后100年，美国人民将面临更加伟大的使命，但我相信，他们终将明白，我们曾像先辈一样，勇敢面对。

OUT
OF
ORDER

使命在召唤

司法任命

在美国政府的政治事件中，最引人关注的事件之一莫过于为最高法院选择大法官。宪法第二条第二款规定，总统有权提出人选，在取得参议院的意见并获得同意后，任命最高法院的大法官。

除了威廉·亨利·哈里森、扎卡里·泰勒和吉米·卡特三人外，每位总统至少提名过1位大法官。1866年，安德鲁·约翰逊提名亨利·斯坦伯里填补空缺，但国会取消了这个席位，约翰逊总统再也没有得到任命大法官的机会。而华盛顿总统任命了11位大法官。安德鲁·杰克逊任命了6位，其中包括

1981年，罗纳德·里根总统与桑德拉·戴·奥康纳大法官。

罗杰·布鲁克·托尼。富兰克林·罗斯福任命了9位，其中包括罗伯特·杰克逊。

每一位总统都会尽量选择与自己政治理念一致的人。当然，有几位总统来也曾后悔自己当初的任命决定，但多数人都会为任命的法官所做出的骄人成绩而庆幸自己的选择。

以约翰·亚当斯总统为例。他作为总统的主要功绩之一就是任命了约翰·马歇尔，后者担任最高法院首席大法官长达34年，被称为“伟大的首席”。所谓的“马歇尔法庭”裁决了许多有关宪法的基本法律质疑案件。正如前文所述，马歇尔在“马伯里诉麦迪逊案”[1]中的意见阐明了宪法中没有明确表达出来的原则，即最高法院有权裁决国会通过的法令是否合乎宪法规定。在“麦卡洛克诉马里兰州案”[2]中，他在判决意见中强调了宪法的最高地位，并明确了联邦政府的权力来自人民而不是各州。亚当斯总统曾说：“约翰·马歇尔是我送给美国人民最好的礼物，也是我此生最大的骄傲。”今天，这位首席大法官的铜像依然矗立在最高法院的一层大厅中，这是对他卓越功绩的最高敬意。

再来看看第四任总统詹姆斯·麦迪逊。他选择了马萨诸塞州的约瑟夫·斯托里作为最高法院的大法官，任职时间从1811年至1845年。斯托里刚就职时年仅32岁——是历史上最年轻的大法官——但他获得了在马歇尔身边工作的机会，马歇尔作为同事和密友帮助他成为最高法院历史上最伟大的法官之一。

斯托里当大法官的时候，美国的宪政制度还处于萌芽期，他帮助联邦法院在开国先父们设置的这套体系中确立了强有力的地位。而且，他的影响还延伸到了其他领域。他提倡规范化商业体系，帮助完善了《海商法》《专利法》《衡平法》。

詹姆斯·麦迪逊肖像

此外，斯托里还在宪政研究方面留下了丰富的资料。他撰写的《美国宪法评注》成为研究美国早期法律体系的重要史料，也是研究美国宪政制度发展初期情况的可靠资料之一。

有趣的是，尽管斯托里是位很有声望的律师，但并不是麦迪逊的首选大法官。总统首先考虑的是自己的总检察长——来自马萨诸塞州的利瓦伊·林肯。利瓦伊·林肯当时61岁了，眼睛几乎失明。他告诉麦迪逊，他不愿接受这个提名。总统却坚持己见，林肯只能明确拒绝。麦迪逊又提名了康涅狄格州的亚历山大·沃尔科特，但很快遭到参议院的反对。接下来，总统选中了约翰·亚当斯的儿子约翰·昆西·亚当斯，但对方以缺乏法律背景和政治野心为由婉拒了他的提议（事实上，约翰·昆西·亚当斯后来成为美国第六任总统）。

想必当时麦迪逊总统因多次提名失败而感到有些气馁，等了7个月后才最终提名斯托里。托马斯·杰斐逊强烈反对这个候选人，称斯托里为“伪共和党人”“政治变色龙”“无党派阴谋家”[3]。但不管怎样，参议院仅仅花了3天时间就通过了这个提名。这个举动成就了一个法律界的巨人，他倾其一生为法律体系的建设做出了巨大贡献。

早期，其他几位总统任命法官的过程大都一波三折。比如前面提到过的华盛顿总统，他会选择宪法的强有力支持者、联邦党人事业的可靠伙伴、参加过独立战争的人士、各州的政治活跃分子、受总统或知名联邦党人青睐的人选。但因为得到华盛顿提名的都是杰出的政治家，而最高法院当时并不如马歇尔大法官时期那么有威望，华盛顿提名的人选的任职时间大都不长。

约翰·杰伊是华盛顿选择的第一位首席大法官。他来自纽约，曾帮助纽约在宪法中获得了重要地位。尽管他在司法部门就职，却被派往英国参与谈判，并缔结了《杰伊条约》，解决了独立战争期间英美之间的系列纷争。这种政治影响力使他在出国期间未进行一场竞选演说就获得了纽约州州长的提名并成功当选。回国后，他辞去了大法官的职位，担任了州长。在他眼中，最高法院简直无足轻重。

在华盛顿总统提名的众多人选中，杰伊并不是唯一青睐其他职位的人。约翰·拉特利奇经由参议院批准担任大法官，但在法院开庭前夕，他却辞职前往南卡罗来纳州担任首席法官。当约翰·杰伊辞去首席大法官职位时，华盛顿再次提名拉特利奇，但这次的职位已经变成了首席大法官。具有讽刺意味的是，参议院否决了这次提名，这在很大程度上是因为拉特利奇曾公开批评《杰伊条约》。

华盛顿总统为最高法院6人组合所选择的成员还包括宾夕法尼亚州的詹姆斯·威尔逊、弗吉尼亚州的小约翰·布莱尔、马萨诸塞州的威廉·库欣及马里兰州的罗伯特·汉森·哈里森。像拉特利奇一样，罗伯特·汉森·哈里森也是在被批准成为大法官后又担任了马里兰州的首席法官，当然，这也是一个非常重要的司法职位。6人阵容中的最后一位是北卡罗来纳州的詹姆斯·艾尔德尔。

在最高法院最初建立的若干年中，人们几乎无事可做。其主要的任务便是在开庭期间辗转于各个地方，先是费城，然后是纽约，最后是华盛顿的哥伦比亚特区。几位陪审大法官与首席大法官的看法一致，认为最高法院的工作无足轻重。所以，大部分人的任期都比较短暂。只有大法官库欣就任时间最长——长达21年。

但是，华盛顿总统任命的大法官中有一位遭到了弹劾。布莱尔法官辞职后，总统选择了马里兰州的塞缪尔·蔡斯接替他的职位。在许多人眼中，蔡斯是一个直言不讳又言语刻薄的人，在杰斐逊出任总统前后，他发表过不少针对杰斐逊及民主共和党人的不利言论。于是，杰斐逊担任总统期间，下议院弹劾了大法官蔡斯，理由是他曾“犯下重罪并行为不端”。参议院以微弱的四票优势判定蔡斯无罪，却开创了法官被弹劾的先例。

华盛顿总统任命的最后一位大法官，是来自康涅狄格州的奥利弗·埃尔斯沃思，他是在首席大法官杰伊辞职而参议院否决拉特利奇的提名后，接受了任命。埃尔斯沃思只工作了4年，就以健康状况为由提出辞职。

托马斯·杰斐逊成为总统后，觉得自己可以大展身手了。所有的大法官都是由华盛顿和亚当斯提名的联邦党人，首席大法官约翰·马歇尔的影响力更是不可小觑。为了达到平衡，杰斐逊任命了3位大法官，每一位都是民主共和党人。他的第三个提名机会来自国会批准把最高法院的法官数目增加至7人。

杰斐逊创立了一个新程序，要求国会的每位成员都为最高法院的空缺职位推荐两位候选人选。最终的结果是，南卡罗来纳州的威廉·约翰逊和纽约州的亨利·布罗克霍斯特·利文斯顿以及肯塔基州的托马斯·托德被提名。杰斐逊原本希望这三位民主共和党人可以牵制首席大法官马歇尔，但这个努力却功亏一篑了——几位受提名者一般都会赞同马歇尔的意见。1820年，已经卸任的杰斐逊把最高法院的阵容戏称为“工兵和矿工组成的小分队”，“一位狡猾的首席大法官”带着“几位或懒惰或胆怯的副手”[4]。

除了曾提名斯托里大法官的麦迪逊总统外，另一位对最高法院历史产生过重大影响的总统就是安德鲁·杰克逊。他一共任命了六位大法官，包括接替约翰·马歇尔的首席大法官罗杰·托尼。他选人的标准主要是地理位置和政治忠诚度。他早期提名过约翰·麦克莱恩，后者曾担任邮政部部长，在最高法院工作期间，曾四次参与总统竞选，但每次参选都代表不同党派，结果自然是屡战屡败。

托尼被公认为一名杰出的首席大法官，尽管他和最高法院曾因1857年做出的“德雷德·史考特案”[5]判决而饱受批评——它被认为是最高法院历史上最差的判决意见。法院判定，“黑人”没有公民资格，奴隶是主人的私有财产。它还主张，1820年达成的“密苏里妥协案”违反了宪法，这个议案就西部新州是否采取奴隶制问题，在南方奴隶主和北方资产阶级之间达成了妥协。“德雷德・史考特案”的判决加速了美国内战的爆发，也玷污了托尼的个人声誉。直到托尼去世20年后，连他的继任者都已过世，国会才拨款为托尼修建半身像，让他加入到赫赫有名的首席大法官行列中。

辉格党的总统们在大法官提名过程中最不走运。威廉・亨利・哈里森将军是蒂皮卡诺大战中的英雄，1841年成为第一位辉格党总统，也成为第一位没有进行过大法官提名的总统。当然，他本人也要承担部分责任。这位总统居然在天气阴冷的就职日发表了长达2小时的演说，不幸因此染上肺炎，上任31天后就去世了。约翰・泰勒接替哈里森成为总统后，在近13个月中先后提名过5位候选人，都遭到否决。他只成功过一次，来自纽约州的塞缪尔・纳尔逊获得批准，在任将近30年。

民主党人詹姆斯・诺克斯・波尔克1845年击败亨利・克莱成为总统，提名利瓦伊・伍德伯里接替斯托里，罗伯特・库伯・格里尔接替亨利・鲍德温。波尔克之前曾两次邀请后来的总统詹姆斯・布坎南接替鲍德温的角色，但都遭到对方的拒绝，这似乎是一个明智的决定。波尔克任期结束后，扎卡里・泰勒替辉格党人重新夺回白宫，却成为第二位没能进行法官提名的总统，因为他上任后的第二年（1850年）就去世了。

亚伯拉罕·林肯是对最高法院产生重大影响的又一位总统，他在任4年间填补了5个空缺，其中最重要的提名当属爱荷华州的塞缪尔·弗里曼·米勒——曾获得医学和法学两个学位，得到北方诸州的有力支持。下议院的140位议员中，有129位联名请求林肯选择米勒担任大法官。林肯欣然接受了建议，其提名立即获得参议院的一致通过。事实证明，米勒没有辜负这份信任。另外一个值得一提的人选是加利福尼亚州的史蒂芬·J.菲尔德，他强烈支持财产权，这在本书后面的章节中有详细介绍（见《传奇大法官》一章）。

1861年，首席大法官罗杰·托尼主持亚伯拉罕·林肯的就职宣誓仪式。

1864年，首席大法官托尼去世，接替人选成为林肯面临的难题。他最终选择了萨蒙·蔡斯，后者曾反对林肯担任总统，还怀有不小的政治野心。蔡斯的提名很快获得批准，这一举动既帮助林肯消除了一个政治对手，也为国家带来了一位出色的首席大法官。林肯的继任者安德鲁·约翰逊因为内战后的党派纷争遭到下议院弹劾，首席大法官蔡斯主持了参议院的弹劾审理，在他的帮助下，总统在参议院以一票之差逃过遭罢免的劫难。

19世纪后半期，获得提名的大法官能在美国历史教科书上留下印记的寥寥无几，来自肯塔基州的约翰·马歇尔·哈伦可以算作其中一位。他被拉瑟福德·B.海斯总统提名，在任34年。在最高法院中，哈伦以“伟大的异议者”而闻名，有两起案件令他声名鹊起。1883年，他为“民权诸案”撰写了言辞激烈的异议书，认为内战后颁布的联邦民权法违宪。1896年，哈伦又成为“普莱西诉弗格森案”中唯一持不同意见的大法官，反对“隔离但平等”的旧教条，反对公立学校和机构持种族隔离态度。哈伦的名言是：“我们的宪法不会考虑公民的肤色和阶级，所有公民在法律面前人人平等。”哈伦去世40多年后，“布朗诉教育委员会案”推翻了“普莱西诉弗格森案”的判决，哈伦的上述言论得到了有力的佐证。

首席大法官威廉·霍华德·塔夫脱，大约摄于20世纪20年代。

西奥多·罗斯福是下一位对重要大法官进行提名的人，他于1901年接替遇刺身亡的威廉·麦金莱成为美国总统。罗斯福曾写下这样的句子："如果无法为最高法院选定理智而可靠的大法官来捍卫重大国家决策、保障公共生活，我认为自己就犯下了不可挽回的错。”[6]他认为地理因素并不重要，在任期间，曾提名过三位大法官：奥利弗·温德尔·霍姆斯、威廉·H.穆迪、威廉·R.戴。

关于霍姆斯的情况，我在接下来的章节中还会具体介绍，他无可争议地成为了最杰出的大法官之一。简言之，他不会把合乎宪法精神与聪明才智混为一谈。他说过：“当人们想做一些事情，我在宪法中找不到明确禁止这些行为的理由时，那么我认为，无论自己是否喜欢，只能说‘真该死，随他们去吧’。”[7]

罗斯福的弟子威廉·霍华德·塔夫脱当上了总统后，在任4年就提名了五位大法官、提拔了一位首席大法官。塔夫脱从才智和司法经验两方面仔细考量受提名人选的资格。霍勒斯·H.勒顿是范德比尔特大学法学院的一位教授，也是美国第六巡回上诉法院的法官；接下来是曾任纽约州州长的查尔斯·埃文斯·休斯。而提名勒顿曾让不少观察家大跌眼镜，因为勒顿是一个民主党人。不久后，首席大法官梅尔维尔·富勒去世了。塔夫脱之前在给休斯的信中提及，如果有机会，将考虑提名休斯为首席大法官。而6个月后，塔夫脱最终提名爱德华·道格拉斯·怀特为首席大法官。任命过程中，塔夫脱有一句名言："成为美国的首席大法官原本是我最大的梦想。但我却不得不面对这个讽刺性的结果，渴望获得这个职位的我，现在却要在另一个人的委任状上签名。"[8]

此外，塔夫脱还提名了来自怀俄明州第八巡回上诉法院的法官威利斯·范·德凡特和来自佐治亚州的约瑟夫·拉克·拉马尔，后者曾在佐治亚最高法院任职。得到他最后一个提名的是马伦·皮特尼，后者曾任新泽西州的议员和法官。

1912年，塔夫脱总统没能获得连任。继任者伍德罗·威尔逊总统在任8年中，曾任命三位大法官：路易斯·D.布兰代斯、约翰·H.克拉克及詹姆斯·C.麦克雷诺兹。

上述三人中的两人形成了鲜明的对比。路易斯·D.布兰代斯是最高法院的第一个犹太裔法官，他与霍姆斯并称为当时最伟大的法官、最杰出的法律人才。而詹姆斯·C.麦克雷诺兹却是个声名狼藉的种族主义者，他坚持反犹太主义，拒绝与布兰代斯沟通（后来，他对胡佛总统提名的本杰明·卡多佐也不予理睬）。他成了最高法院中最不受欢迎的人，时至今日依然没有得到什么赞誉。本书稍后也会谈到他。

而对布兰代斯的提名曾遭到强烈反对。他以“人民的律师”著称，反对方却诋毁他属于激进而偏执地追求社会公平的改革派，缺乏司法素养。无论如何，布兰代斯最终以47票对22票的优势获得了任命，在职业生涯中表现非常出色。

沃伦·G.哈定继威尔逊后成为总统，前总统塔夫脱也如愿成为首席大法官。虽然哈定仅仅在位两年半就去世了，但他却任命了四位大法官，包括成为首席大法官的塔夫脱。其他三位法官包括乔治·萨瑟兰、爱德华·T.桑福德及皮尔斯·巴特勒。

塔夫脱对自己能成为首席大法官感到异常激动，工作非常勤奋，亲自撰写了20%的判决意见，成功说服国会修建最高法院大厦，并为协调各联邦法院的工作进行不懈努力。他勤恳地在这个岗位上工作了9年，于1930年去世。

卡尔文·柯立芝（“沉默的卡尔”）继哈定后成为总统。虽然柯立芝的竞选口号是“美国的事情就是我的事情”，但其中很少涉及最高法院的工作。他只提名了自己的司法部部长——来自新罕布什尔州的哈伦·菲斯克·斯通作为大法官。这个提名遭到了部分参议员的批评，斯通本人出现在参议院司法委员会面前，出色地回答了各种问题，轻易地通过了提名，这种做法也开创了历史的先河。作为一名陪审大法官，他具备独立判断能力，还常常加入霍姆斯和布兰代斯的行列提出反对意见。后经富兰克林·德拉诺·罗斯福总统提名，他成了首席大法官。

接替柯立芝总统的是同为共和党人的赫伯特·胡佛。尽管胡佛总统的任期饱受1929年股市崩盘及经济大萧条的压力，但他提名了三位杰出的大法官：接替重病的塔夫脱成为首席大法官的查尔斯·埃文斯·休斯、陪审大法官本杰明·卡多佐及欧文·J.罗伯茨。他还曾提名约翰·J.帕克为陪审大法官，但遭到否决。

提名卡多佐时正值奥利弗·温德尔·霍姆斯退休之际。卡多佐被认为是一名自由主义者，受到芝加哥大学法学院全体教师及哈佛、耶鲁和哥伦比亚大学法学院院长的强烈支持，参议院外交关系委员会的主席威廉·博拉也对他寄予厚望。正是卡多佐大法官撰写了“帕尔科诉康涅狄格州案”[9]的判决书，其中阐明，宪法的正当程序条款正是保护那些“有序自由框架下的基本权利”，并坚持最高法院应该逐步把《人权法案》的条款运用到各州，而不仅限于联邦政府的范围。

富兰克林·罗斯福继胡佛后，于1933年至1945年担任美国总统，经历了经济大萧条和第二次世界大战。他曾先后提名9位大法官，给最高法院带来了深远的影响，这个数目仅次于乔治·华盛顿。

在罗斯福的第一个任期中，最高法院的法官们发现他所实施的新政中有许多违宪之处。上文曾提到过，罗斯福对最高法院的种种干预深感不安，曾向国会提出议案，希望总统能有权新增6位大法官，来接替那些年满70岁的在任法官。这样，大法官的人数就会从当时的9人变为15人。

而总统给出的理由显得缺乏诚意。他声称最高法院的工作量大，法官们体力上吃不消。这样的托词很容易遭到反驳，法院立刻拿出明确的工作报表。许多律师和学者也都反对这个提案，最终只得无疾而终。

这个提案的流产或许还与所谓的“挽救九人的及时易帜”事件有关。在1937年的“西岸宾馆诉帕里什案”[10]中，欧文·罗伯茨大法官出乎意料地与首席大法官休斯、陪审法官布兰代斯、卡多佐和斯通立场一致，支持《最低工资法》。许多评论家把罗伯茨的这一举动看作是有预谋的突然行动，目的正是想打败悬而未决的“法院填塞计划”。

大法官范·德凡特退休之际，罗斯福总统有了第一次提名机会，来自亚拉巴马州的参议员雨果·布莱克成为陪审大法官。罗斯福总统任命的另外8人分别是：斯坦利·F.里德、费利克斯·法兰克福特、威廉·O.道格拉斯、弗兰克·墨菲、詹姆斯·F.伯恩斯、罗伯特·杰克逊、威利·拉特里奇以及哈伦·F.斯通（首席大法官）。

于是，大法官的阵容焕然一新。罗斯福总统希望他们能支持新政，保持自由主义精神，并力挺自己的战时计划。结果也如他所愿。

1945年4月12日，第一夫人埃莉诺·罗斯福通知副总统哈里·杜鲁门，自己的丈夫去世了。尽管杜鲁门本人对成为总统感到意外，但这位颇具实力和魅力的总统的确令许多美国人刮目相看。只要他有机会提名大法官人选，总会选择自己的朋友。经他任命的4位大法官分别是：前参议院同僚哈罗德·H.伯顿、财政部部长弗雷德·文森、司法部部长汤姆·C.克拉克及前参议员舍曼·明顿。文森曾在罗斯福时期担任过好几个职位，也是一位国会议员。斯通于1946年猝死后，杜鲁门选择弗雷德·文森担任首席大法官，后者在这个岗位工作了7年，但过程似乎并不愉快。据称，当时的最高法院内部争斗得很厉害，文森觉得自己实在不适合做领导。

上述几位友人对杜鲁门在任期间的重大举措并没有什么帮助。包括克拉克在内的多数大法官认定，朝鲜战争期间总统抢夺钢铁厂的行为违反了宪法，这让杜鲁门备感失望。

1953年，德怀特·戴维·艾森豪威尔代表共和党人当选为总统。他因为颇受拥戴，又获连任，在8年任期中共提名五位大法官。第一次提名缘于1953年9月首席大法官文森的去世。厄尔·沃伦当时担任加利福尼亚州州长，之前曾做过律师和检察官。于是，他毫无争议地成为首席大法官。

沃伦在任期间也对最高法院产生了重大影响。1954年，最高法院对“布朗诉教育委员会案”[11]做出判决，证明哈伦在“普莱西诉弗格森案”中所持的意见是正确的，并宣布法律上不再对公立学校用黑人和白人加以区分。当然，艾森豪威尔总统同样功不可没。当时，反对下级联邦法院执行“布朗案”判决的呼声很高，虽然总统本人可能并不是热心的支持者，但他在1957年9月向阿肯色州的小石城派出联邦军队，帮助执行判决，使得其他国家的学生能够进入公立学校读书，而当时的州长奥瓦尔·福伯斯曾百般阻挠。

沃伦在任期间还裁定了几起非常重要的案件。通过“雷诺兹诉西姆斯案”[12]，将“一人一票”的选举原则运用到各州的选区当中。“米兰达诉亚利桑那州案”[13]的判决书中要求，被羁押的刑事被告在受审讯前应该享有向律师咨询等权利。

1954年罗伯特·杰克逊法官去世后，艾森豪威尔总统提名了来自纽约的约翰·马歇尔·哈伦二世，也就是大法官约翰·马歇尔·哈伦的孙子。第三位被提名者是来自新泽西州最高法院的一位民主党人——小威廉·J.布伦南。

据说曾有一位传记作家采访过艾森豪威尔总统，问他当政期间是否犯过什么错误，他回答说：“有过两次，目前这两个人都在最高法院任职。”[14]他所指的就是首席大法官沃伦和陪审大法官布伦南——这两人的自由主义精神远远超乎了总统的想象。

艾森豪威尔任命的第四位大法官是来自密苏里州的查尔

斯·埃文斯·惠特克，后者接替了退休的斯坦利·里德。而最后一位受提名者是俄亥俄州的波特·斯图尔特，他曾经就职于第六巡回上诉法院。

约翰·F.肯尼迪总统在短短的任期内曾提名过两位大法官：拜伦·R.怀特和亚瑟·J.戈德伯格。这两人都在他竞选时鼎力相助，与他关系很好。拜伦·R.怀特是一位知名的学者，也是一位出色的运动员。他出生在科罗拉多的一个小镇，干过农活，也当过铁路工人，就读科罗拉多大学期间，成了斐陶斐荣誉学会的会员。他曾先后代表匹兹堡钢人队和底特律雄狮队参加职业橄榄球比赛，还获得了“罗德学者”的称号。与肯尼迪总统一样，他有过在海军服役的经历。总之，我的这位同事能力出众，有着独立判断精神，于1993年退休。

1963年肯尼迪遭到暗杀后，林登·约翰逊成为新总统。他曾提名了四位候选人，但只有两名获得批准。约翰逊总统说服大法官亚瑟·J.戈德伯格从最高法院退休后出任驻联合国大使，从而提名了第一位大法官阿贝·福塔斯。17年前，在得克萨斯州一次激烈的参议员竞选中作为律师的他帮助过约翰逊。

但福塔斯在最高法院只工作了4年。

1968年，沃伦有意退休，约翰逊准备提名福塔斯为首席大法官，威廉·霍默·索恩伯里为陪审大法官。但当时并不是宣布这一切的好时机。种种有关福塔斯收入方面的消息不断遭到披露，他本人在巨大的压力下，请求总统撤回对自己的提名。使厄尔·沃伦又担任了1年的首席大法官，在此期间，相继有其他对福塔斯不利的消息传出，福塔斯只能从最高法院辞职。

在此期间，汤姆·克拉克宣布退休，约翰逊总统提名瑟古德·马歇尔接替他的职位。马歇尔是第一个担任这个职位的非裔美国人。约翰逊总统认为这个提名“是一个正确的决定，在正确的时间，将最适合的人安排到最适合的位置”[15]。马歇尔最杰出的成就是担任“全国有色人种协进会”的首席律师，代理了许多诉诸于最高法院的民权案件，其中包括“布朗诉教育委员会案”[16]。马歇尔在获得总统提名之时，正担任首席政府律师，在最高法院的诉讼中代表美国一方。最终，参议院以69票对11票通过了这个提名。

1969年理查德·尼克松上任，一共提名了四位大法官：沃伦·伯格、哈里·布莱克门、刘易斯·鲍威尔及威廉·伦奎斯特。按照顺序，伯格是第一位担任大法官的，他曾在哥伦比亚特区巡回上诉法院担任法官，1969年接替沃伦成为首席大法官。布莱克门在第二年得到提名，并且获得全票通过。他和伯格相交甚久，也是通过伯格的举荐得以担任大法官。1972年，鲍威尔和伦奎斯特在同一天获得了尼克松总统的提名——前者接替布莱克，后者接替哈伦。其实，鲍威尔并不愿离开私人律所，他曾在1969年拒绝过尼克松总统的邀请，但第二次终于被尼克松总统和司法部部长说服了。伦奎斯特早先在尼克松政府任职，担任司法部法律顾问。1986年，他被提升为首席大法官。

1974年，尼克松总统下台后，杰拉尔德·福特出任总统。杰拉尔德·福特只在1975年提名过一位大法官：约翰·保罗·史蒂文斯，曾就职于美国第七巡回上诉法院，因此轻松通过了确认程序，获得参议院的一致赞同。有趣的是，史蒂文斯接替的是最高法院历史上在任时间最长的大法官道格拉斯的职位，而他自己也以近35年的工作经历，成为在任时间位列第三的大法官。

漫画《奥康纳大法官和杰里·福尔韦尔牧师》，泰勒·琼斯作。

接下来我自己获得了提名。1981年1月罗纳德·里根就任总统，在其竞选过程中，曾承诺会提名第一位女法官。机会很快就来了，斯图尔特大法官宣布退休。于是，我作为第一个获提名担任陪审大法官的女性，受到了无数媒体的无休止关注。

1981年9月，我得到了参议院的一致通过，开始了在这个岗位上长达25年的工作。

里根总统分别在1986年和1988年提名了安东宁·斯卡利亚和安东尼·肯尼迪为陪审大法官，这两位至今都还在任。其实，自我之后获提名的10位大法官中，只有乔治·H.W.布什总统提名的戴维·苏特和我退休了。

其余的大法官依然活跃在工作岗位上。1991年乔治·H.W.布什总统提名的克拉伦斯·托马斯接替了马歇尔成为大法官。1993年和1994年比尔·克林顿总统提名的鲁思·巴德·金斯伯格和史蒂芬·布雷耶分别接替了怀特和布莱克门。托马斯和金斯伯格受到提名时，正在哥伦比亚特区巡回上诉法院担任联邦法官。布雷耶受到提名时，正在马萨诸塞州的波士顿担任第一巡回法院的首席法官。

最高法院在接下来的11年当中没有人事变化，布雷耶一直是他们当中最年轻的大法官。直到2005年，最高法院才迎来了新人。乔治·沃克·布什总统分别在2005年和2006年提名约翰·G.罗伯茨和塞缪尔·阿利托，填补了伦奎斯特和我的空缺。时任白宫顾问的哈里特·迈尔斯女士原本有望获得提名，但布什总统却在参议院司法委员会准备商议之前，应迈尔斯本人的要求撤回了这个提名，后来这个位置由阿利托接替。

最近，贝拉克·奥巴马总统又提名了两位女法官：索尼娅·索托马约尔和埃琳娜·卡根，她们分别在2009年接任苏特、2010年接任史蒂文斯。

在我撰写本书的时候，一共有112位大法官曾为联邦最高法院工作。共有27次提名未获通过，其中参议院正式否决11次，延期3次，搁置5次，还有4次不置可否，另外4次提名由总统撤回。[17]

从今天的标准看，总统不可能对一位没有法律学位、没有律师或法官经历的人进行提名，但的确没有任何法律或宪法条文规定，联邦法院的法官或最高法院的大法官必须拥有上述资历。在最高法院，没有法律专业学位的大法官只有两位：罗伯特·杰克逊和斯坦利·福尔曼·里德，都受到了富兰克林·罗斯福总统的任命。

的确，当今的惯例是，提名那些做过联邦法院法官的候选人。尽管之前许多大法官缺乏司法经验，但目前的9位大法官中，8位都曾在联邦上诉法院做过法官。在我和卡根之间的被提名者都有过在联邦上诉法院的工作经验，虽然苏特法官在第五巡回法院工作的时间非常短暂。我本人在被提名之前只是亚利桑那州的一位法官，卡根在就任大法官之前曾担任哈佛法学院院长及首席政府律师。

大法官的人选不断变化，但任命程序已经成为固定的范式。无论身在其中还是置身事外，都会惊奇地发现，9位大法官的产生过程就是法律不断发展完善的历程。

OUT
OF
ORDER

房子与家

通往第一街的路途

1981年9月25日，星期五，我作为最高法院大法官走马上任。当我第一次与沃伦·伯格沿着宽阔的台阶走出法院时，庄严的铜门和大理石阶梯给我留下了深刻印象，它们那具有象征意义的形象常常出现在明信片或书籍的封面上。但许多人都没有意识到，最高法院能发展到这一步，竟然走过了漫长的145年。在过去的岁月中，它就像一个流浪汉，几经易址，最终落户于华盛顿第一街。

事实上，最高法院起初根本不在华盛顿哥伦比亚特区，而在当时的纽约市商业交易所，那里目前是著名的金融区。1789年10月19日，约翰·杰伊宣誓成为第一任首席大法官，他于1790年2月1日召集工作人员在商业交易所集合。这座砖墙建筑位于布罗德大街和沃特大街的交会处，隶属纽约市。[1]楼上的租户开了一间咖啡屋，经营一些进口商品，也承办展览和会议。[2]

18世纪末的皇家证券大楼旧址

最高法院早期的庭审非常简短，显得波澜不惊。大法官手头也没有多少需要处理的案件。确切地说，1790年，没有一起案件在卷宗中留下过印记。1791年可以找到两起，1792年上升到五起。[3]最高法院把主要精力放在挑选工作人员、选定最高法院和上诉法院的官方印章上，通过一些条例，授予出庭律师资格等。[4]拉特利奇大法官甚至没有参加过最初阶段的庭审！[5]

案件不多或许也是件好事。因为最高法院连固定的办公地点都没有，想要承担大量工作也很困难。但没有人想过要为最高法院修建一栋长久使用的大厦，因为当时很可能没有人能确定这个机构究竟能做些什么。

事情在1792年有所转机，国会通过了《首都选址法案》，选定波多马克河“不超过10平方英里”的土地作为联邦政府自1800年后的永久地址，把费城作为临时首都。[6]自1790年12月起，费城就成为联邦政府所在地，最高法院也随之搬到了那里。

最高法院的第二个家在费城的独立宫，也就是当时的州政府大厦。独立宫位于第五、第六街间的栗树街，是《独立宣言》和《美国宪法》诞生的地方。1791年2月的开庭期，法院只工作了两天。一群费城的律师围在首席大法官杰伊、大法官库欣、詹姆斯·威尔逊和詹姆斯·艾尔德尔身旁，法官们的审判席就设在一楼的一间屋内。[7]

办公设施虽然有所改善，但很不理想。法庭不过就是一间长为40英尺的正方形的屋子，有三个大窗户，却没有取暖设备。[8]不仅如此，大法官还有“室友”——他们得与州最高法院和联邦巡回法院共享这个即便用狭窄来形容都算轻描淡写的空间。宾夕法尼亚州的众议院在对面走廊，美国国会在距离不到100英尺远的地方，而华盛顿总统就住在距此一个街区的第六街附近。[9]

位于费城独立宫的最高法院法庭

1898年前后的宾夕法尼亚州议会大厦（独立宫）

1791年8月，最高法院搬到新建的市政厅一层，位于州政府广场的东北角。虽然大法官在那年8月仅仅工作了3天，最高法院在那里却一待就是9年。[10]这次，最高法院需要与市法院共用一个场所。当两个机构工作发生重合时，最高法院就需要另觅场所。

1800年美国首都迁至华盛顿，当时最高法院还处于无家可归的境地。在新建的国会大厦中，国会“借”给法院一个临时使用的场所。在1812年战争中，英国人烧毁了这幢建筑，法院只得又搬进了一栋私宅。

最高法院后来重回国会大厦，1819年至1860年间，一直在今天所称的“旧最高法院议事厅”中办公。正是在这间议事厅中，大法官们下达了“吉本斯诉奥格登案”的标志性判决，认定宪法的贸易条款授予国会管理州际贸易的权力；还下达了“德雷德·史考特诉桑福德案”的判决，主张奴隶不享有公民权，不受宪法保护。

1860年，最高法院又搬到了楼上参议院腾出的一个议事厅。它由建筑师本杰明·拉特罗布设计，这个半圆形的两层议事厅拥有一个伞状拱形天花板。法院在这里一直工作到1935年。但大法官们依旧要借用参议院的图书馆和办公室。许多人不得不继续在家办公，连助理和秘书也得随他们一起回家。[11]

国会大厦原最高法院议事厅

1925年，首席大法官威廉·霍华德·塔夫脱提出了修建最高法院大厦的构想。他希望这座建筑能够代表司法尊严，能够表明法院独立而平等的身份。他利用当总统时的行政资源，成功说服国会在1928年通过了这一项法案——建立最高法院大厦委员会，自己担任主席。塔夫脱把这个任务交给了自己的朋友——知名建筑师卡斯·吉尔伯特。后者因1898年设计明尼苏达州的州立大厦而声名鹊起，这座建筑被称为“内战后修建的议会大厦中最有影响力的新经典主义代表”[12]。修建最高法院大厦也是吉尔伯特最后的一个伟大使命。在承担这项任务的当天，他在日记中写道：“由此开启了职业生涯的新篇章，70岁高龄的我将着手完成一生中最重要且杰出的作品。”

吉尔伯特的任务当然并不简单。最高法院的选址问题就颇有争议。赫伯特·胡佛总统希望这座大厦能够俯瞰波多马克河，还有人建议选在目前杰斐逊纪念堂的位置，而首席大法官塔夫脱认为选在政府办公地点附近会更方便。于是，最高法院就规划在毗邻国会大厦和国会图书馆的一块不规则的土地上。据称，吉尔伯特曾问道，去哪里能找到长满青草的山坡来修建这座建筑，得到的答复却是把它安置在街区中间。[13]

但国会大厦和国会图书馆所处的位置给建筑师出了一道难题。吉尔伯特尤其担心国会图书馆的圆顶会遮挡最高法院大厦的视线。据称，吉尔伯特有一次居然向塔夫脱提议，干脆把国会图书馆的屋顶拆除。[14]

与此同时，为了强化最高法院的地位，吉尔伯特设计了一个独特而气派的入口。他想要建一个广场，有44级大理石台阶通往入口，门前耸立两排共计16根科林斯式大理石圆柱。[15]在重达1300磅的铜门上方雕刻着“法律之下，人人平等（Equal Justice under Law）”的字样。这些台阶和文字对参观者和大法官都是一种激励。首席大法官约翰·罗伯茨在2005年获得提名后，曾坦述：“每当我去法院参加辩论而走上这些大理石台阶之时，总能感到喉头发紧，我知道，这不仅仅是因为紧张。”[16]

吉尔伯特基本都选用了美国本土的建筑材料，只有审判庭例外。他选用佛蒙特的白色大理石作为建筑外墙，大厅和中厅的大理石则来自佐治亚和亚拉巴马。办公室的木料都选用美国的四分白橡木。而对于主厅，他选择带有纹理的西班牙象牙白大理石做墙壁，黄色和象牙白相间的大理石做柱子。[17]新的审判庭占地面积比国会大厦的旧址要多出60%，座位数要多出10%。[18]左右两侧共有24根爱奥尼亚式柱子。在首席大法官塔夫脱的一再坚持下，吉尔伯特不得不在法官审判席前为新闻记者留出了空间。[19]

不幸的是，塔夫脱本人没能见证1931年大厦开工。他于1930年3月去世，也就是退休的5周后。在1932年的仪式上，他的继任者查尔斯·埃文斯·休斯帮助胡佛总统奠基。[20]休斯认为，这座新建筑是一个“永久”的见证，并非见证“石头和钢铁的恒久性”[21]，而是见证“法律之下自由理想的不朽”。这座建筑总共花费近900万美元。[22]

这个最高法院固定的家终于在1935年经济大萧条中开放了。公众对它褒贬不一。吉尔伯特原本将这个设计想象为一个“对愚蠢的现代主义潮流的有力反击”[23]。但吉尔伯特的同行却认为这个建筑虽然在风格上没有问题，但缺乏想象力。

据说大法官路易斯·布兰代斯曾因它的极度虚张声势而“厌恶这栋大厦”[24]。他的一位法官助理说，大法官“反感华盛顿一切罗马式的元素”[25]。

最高法院大厦正面全景图

1935年10月的开庭期在新大厦拉开序幕。据1935年10月7日的报纸报道，首席大法官休斯在审判庭说出的第一句话是：“你们有没有入场券啊？”

50年后，我作为陪审大法官坐在同一间审判庭中，共同庆祝大厦开放的纪念日。在首席大法官伯格的主持下，我们举行了一次特别会议。前首席政府律师欧文·格里斯沃尔德、司法部部长埃德温·米斯、美国律师协会主席威廉·法尔斯格拉夫共同回顾了最高法院半个世纪走过的历程。[26]

2010年5月，最高法院出于安全考虑关闭了标志性的正门入口。公众只能从广场上设立的安检口进入大厦。我的同事史蒂芬·布雷耶和鲁思·巴德·金斯伯格对这个决定持有异议。他们认为，正门及门前阶梯“不仅起到通道的作用，更是最高法院的象征”[27]。他们希望“将来有一天公众能够看到那句名言——‘法律之下，人人平等（Equal Justice under Law）’，然后走进宏伟的大厦”。我也常常想起第一次走下大理石台阶的情形，想起这些台阶蕴含着吉尔伯特所赋予的优雅和尊严，怀着与两位同事一样的希冀。无论远观还是近看，这座位于第一街的大厦都是一座了不起的建筑，凝结了最高法院从卑微的起点不断前行时所经受的种种磨难。

OUT
OF
ORDER

卑微的起点

美国最高法院的第一个10年

凡是见过最高法院这座宏伟建筑的人都会对其卑微的起步感到难以置信，最初的那些年简直称得上“动荡混乱”。它既没有固定的办公场所，也没有资金，甚至连案件都没有几起，能存活下来简直是一个奇迹。那些寒酸的过去，以及一步步挺过来的经历，都能见证国家民主发展的历程。

《美国宪法》第三条规定设立联邦最高法院，把“美国的司法权”授予“最高法院以及国会不时规定和设立的下级法院”[1]。从这些表述可以看出，国会必须把剩余部分具体化。

《1789年司法条例》确定大法官的数目为六人。[2]华盛顿总统提名来自纽约的约翰·杰伊[3]为首席大法官，并选择了五位陪审大法官：南卡罗来纳州的约翰·拉特利奇[4]、宾夕法尼亚州的詹姆斯·威尔逊、马萨诸塞州的威廉·库欣[5]及马里兰州的罗伯特·汉森·哈里森[6]、弗吉尼亚州的小约翰·布莱尔[7]。这六位受提名人选两天后就获得了参议院的批准。[8]到这里为止，一切都还不错。过于顺利的开端预示着短命的结局。哈里森还没等到第一次开庭，就由于身体原因辞职了。[9]詹姆斯·艾尔德尔填补了哈里森留下的空缺。[10]

最高法院阵容齐整，蓄势待发，无奈没什么事情可做。国会规定，最高法院每年应该开庭两次，“一次是2月的第一个星期一，另一次是8月的第一个星期一”[11]。1790年2月至1791年8月的最初四次开庭简直是无事可做，没有什么案件需要讨论，大法官不过是集合了几天，为工作人员和律师举行了宣誓就职仪式。而拉特利奇竟然没有参加这几次开庭，虽然他早在1790年8月就来到纽约做好了出庭准备，没想到痛风发作无法出庭。[12]

最高法院没有固定的人事制度。首席大法官约翰·杰伊工作了6年后，于1795年辞职。当时他给出了两个理由：一是他对“巡回审判”任务已经受够了，按照当时法律规定，大法官们必须往返于乡间参与下级法院的工作；二是他在英国完成了外交任务，回国后得知朋友们已经提名他担任纽约州州长，而且自己也成功当选了。[13]

杰伊辞职后，华盛顿总统再次提名拉特利奇就任首席大法官。[14]约翰·拉特利奇原本就位列总统最初提名的六个人选之中，但他因为不堪“巡回审判”之苦，认为最高法院无事可做，并对总统提名杰伊为首席大法官心存芥蒂，所以他在1791年曾离开最高法院，选择去南卡罗来纳州民事诉讼法院担任首席法官。[15]

拉特利奇的第二次提名确认并不如第一次顺利。他生性坦率，但有时却表现得相当过分。1795年7月，大概正是获得首席大法官提名之前，他在查尔斯顿参加了一个会议，与其他几位来自南卡罗来纳州的人士共同抨击《杰伊条约》。其中有一条条约确保英军能安全从西北部地区撤出，他认为这对英国人来说过于慷慨，于是发表了言辞尖刻的演讲。据说，他曾宣称

“自己宁愿让总统去死，也不会签署这样幼稚的玩意儿”“宁可选择战争，也不会接受这样的条约”[16]。因此让条约支持者联合起来反对总统对他的提名。[17]而华盛顿却信守诺言，命令国务卿签署了委任书。但这是一个休会任命，必须等到12月份参议院再通过这个提名。1795年12月，参议院进行了激烈辩论，另有传言说拉特利奇精神不正常，参议院最终以14票对10票否决了对他的提名。[18]这是参议院第一次否决一个总统的休会任命。

对拉特利奇的提名遭到否决后，华盛顿总统于1796年1月[19]提出由在任的威廉·库欣担任首席大法官，很快获得通过。[20]但库欣由于身体原因，仅仅1周后[21]，就把委任状还给了总统。最终，奥利弗·埃尔斯沃思于同年3月上任了。[22]但他的任期也不长，还不满4年就被派到法国去重新谈判一份协议。[23]

1800年，约翰·亚当斯总统提名约翰·杰伊重回最高法院工作，并获参议院的批准。但杰伊本人不愿返回[24]，一是因为健康状况，二是认为这份工作缺乏“活力、重要性和尊严”。1801年，亚当斯总统在位的最后几个月中，提名约翰·马歇尔为首席大法官，后者获得全票通过，并在最高法院创历史地工作了34年之久。

能否把大法官留在岗位上并不是最高法院初期面临的唯一问题。早期的法庭笔录有很多文字错误，还有一些更改修正之处。最高法院的第二位书记员塞缪尔·贝亚德尽量留存判决和提案的原稿、粗糙的会议记录及诉讼记事簿。[25]但贝亚德不住在首都，当政府选派他去伦敦代表美国提出海事索赔时，他已经离任5年了。从1794年11月至1798年春天，大法官们根本没有法庭书记员。[26]

直到1834年，法庭书记员才被要求记录书面意见，当时正值安德鲁·杰克逊总统在任，马歇尔依然是首席大法官。[27]1791年，最高法院从纽约搬到费城，一位名叫亚历山大·詹姆斯·达拉斯的当地律师毛遂自荐要做第一位法庭书记员。当然，他这么做是为了追求个人利益和职业声誉。但达拉斯也的确在不经意间为最高法院创立了笔录制度。他的主要兴趣在于州法院的判决，他整理了第一卷《独立战争前后宾州法院判决意见和判定的案例笔录》。而宾夕法尼亚州的案件则构成了他发布的第一卷全部内容和第二卷大部分内容。他只在第二卷中才提及最高法院的判决意见，而当时最高法院设在费城。达拉斯按照英国的传统，把这些笔录编辑成册出售以谋取利益。[28]

达拉斯的确功不可没，但笔录中也存在很严重的错误。没有先例可以参考，这无疑是造成报告的质量良莠不齐的主要原因。1790年至1800年，有很多重要案件并没有被记载，[29]留存的大概只有60起案件。[30]许多史学家认为，达拉斯至少遗漏了最高法院在最初10年中做出的三分之一的判决。另外，他整理的速度也非常缓慢，最后一卷直到1807年才完成，这已经是他离开书记官这个岗位后的第7年了。[31]最重要的是，他的笔录中有许多不准确之处。[32]但公平地说，达拉斯不该为上述所有问题负责。大法官们也要为这些偏差负责，因为他们在审理很多案件时根本没有提交书面意见。[33]

从某种程度而言，达拉斯的继任者威廉·克兰奇的工作就顺利多了。1802年，克兰奇接手了记录和发表最高法院1801年至1815年判决书的任务。据报道，克兰奇称自己“没有感到责任重大或异常焦虑，因为最高法院的惯例是把判决意见进行精简，记录下所有案件中重要和疑难之处即可”[34]。与此同时，克兰奇也是哥伦比亚特区巡回上诉法院的一名法官。1817年，他因自己所承担的法律职责而辞去了最高法院书记员的工作。

正是在1817年，书记员这个岗位开始享受官员待遇。国会批准最高法院委任一位带薪书记官，他的名字叫亨利·惠顿，薪水是每年1000美元。[35]

而今天的情形已大不相同，我们认为大法官可以在任数十年，他们不必冒着洪水和风暴骑在马背上穿梭于乡间——最高法院大厦是目前华盛顿最宏伟的建筑之一。助理和书记官的工作有条不紊。这一切不仅对大法官来说是好事，对我们国家的民主发展也是益事。

而在过去，正如法院的历史，尤其是最初10年的历史显示，事情远远不像今天这样顺利。在那些日子里，人们不会羡慕从事司法工作的人，因为大法官们并没有什么案件需要处理，还要饱受旅途劳顿，甚至没有正规的办事员和法庭书记员。由此，我们的确应该感谢那些曾在这个岗位上饱受艰辛的人，没有他们奠定的基础，就没有今天备受尊重的最高法院。

在我们的《普通法》法系中，法律是通过个案判决得以说明的，称职的书记员在其中就显得尤其重要。正如罗斯科·庞德所言："我们展现的无非就是运用有记录的司法经验的技巧……即使我们拥有书面文本，比如《美国宪法》，我们也要立刻用普通法律来对其加以研究，我们使用的策略并不是对这个文本进行改良，而是将司法上已确立的判决依据加以发展。这些依据一旦在文本中出现，它们便具备存在的独立性。"[36]

这样的一种认知有助于吸引最优秀、最机智并拥有高学历的职业律师加入——这就意味着较高的薪水，以及一栋固定的办公大厦。于是，一些受过良好教育、愿意奉献毕生精力的人就能思考如何在一个相对独立的氛围中解答法律问题，而尽量不受政治干扰。我本人在最高法院工作超过了25年，审理过几千起案件，才逐渐驾轻就熟。另外，我早就开始不再介意政客和媒体对我的评论，也不再担心会惹恼身边的同事，因而能做出一些艰难的裁决。

这些对最高法院的顺利运行，从长远角度看也帮助年轻的国家创立了一种文化。因为从整体而言，当时最高法院的判决都是由政府其他几个职能部门执行的，即便这几个机构是败诉方——最高法院的判决也不像人们想象的那样有效力。1832年，最高法院对“伍斯特诉佐治亚州案”[37]的判决是支持切诺基人反对佐治亚州的，而后者却无视判决。盛传安德鲁·杰克逊总统曾向最高法院发起挑战，要求他们自己去执行判决。也有可能总统根本没有这么做[38]，但其中隐含的内容很明显：最高法院的武器只有道德权威。而这种权威的建立也不是朝夕之事，是经过时间一点点打磨形成的。

当然，约翰·马歇尔的地位之所以堪比汉谟拉比、格劳修斯等这些伟大的立法者，原因之一就是他搭建了今天最高法院的框架。马歇尔和他的同辈人帮助华盛顿总统实现了一个愿景，竖立了“联邦政府赖以生存的柱石”[39]。

OUT
OF
ORDER

巡回法官

巡回审判

1798年6月，正值约翰·亚当斯担任总统期间，大法官詹姆斯·艾尔德尔给国务卿蒂莫西·皮克林写了一封信："我不幸在路上遇到大雨，通往各个方向的桥梁都被冲断了，于是没能赶到萨凡纳。大水令我无法继续前行，我竭尽全力，还差点溺水，最终不得不放弃……"[1]艾尔德尔在信中解释他为何无法到达佐治亚州的萨凡纳，他计划赶去主持南部联邦巡回法院的庭审。雪上加霜的是，当地报纸很快就把这件事归为故意渎职并大加指责。

很少有人意识到，在最高法院最初的

一百年中，大法官们的主要职责之一便是去下级联邦法院做流动主审法官。1789年至1891年，大法官们需要依法“巡回审判”。他们每年去全国各地主持初审和中级上诉，行程达数千英里。实际上，大法官们花在巡回审判路上的时间比审理案件的时间都长。

其实只要想一下，就知道这个任务实在了不起。设想今天这9位大法官跑遍全国，从波士顿到巴吞鲁日，亲自主持庭审后，然后再返回华盛顿，审理针对自己判决过的案子提起的上诉。

“巡回审判”的历史既见证了当时的生活条件，也亲历了那段时期的重大事件。长期以来这种做法都会引起广泛争论，我们从中了解到很多东西，包括最高法院在不同时期的角色变化以及最高法院走进普通民众中所带来的意义。

《美国宪法》第三条把“美国的司法权”授予“最高法院以及国会不时规定和设立的下级法院”。今天，我们依然保持联邦法院的三层架构。首先是地方法院，也就是联邦初审法院。然后是美国上诉法院——属于中级上诉法院。第三层是最高法院——拥有最终的决定权。

但在美国建国初的11个月中，根本没有联邦司法体系。《1789年司法条例》才责成国会设立联邦法院，并把大法官的人数确定为6人。由此，每个州可以拥有一个联邦地方法院和一名地区法官。而最为重要的是建立了三个巡回法院——分别负责东部、中部和南部地区的案件审理。

但为了避免引起混淆，那个时期的巡回法院与今天的美国上诉法院不同，尽管后者也是按区域划分。巡回法院自1789年创立后，以不同形式存在了120年，主要承担初审任务。它们对联邦重大刑事案件具有初审管辖权，也就是说，这类案件最初就由巡回法院审理而无须通过上诉途径至此。而针对较轻的刑事案件和民事诉讼，巡回法院和地方法院共同享有司法权。相比之下，巡回法院受理上诉案件的职能发挥得非常有限。

更令人惊奇的是，《1789年司法条例》没有为巡回法院设立专职法官，这项工作由最高法院的六位大法官和地方法官共同承担。每个巡回法院中都被安排两位大法官一年两次对该区域进行“巡回审判”——与每个州的地方法官共同庭审。这可不是一件轻松的事情，因为管辖的区域实在太大，而且旅途劳顿，食宿也很不方便。

如何来解读国会的这项决议呢？为什么要让大法官承担双重职责而饱受辛苦呢？北方人一贯节俭的性格肯定是主要原因。刚刚建立的国家财政紧张，负债累累，国会无疑是把巡回审判当作两层法院联合办公的一种途径。此种节衣缩食的办法也并非毫无益处。由此，大法官们在最高法院的工作量就小了很多。在最初10年中，总共审理了大约60起案件。而今每年都接近100起。

当然经济上的考虑并不是唯一的原因。在最初阶段，巡回审判被当作最高法院接触广大民众的重要途径。国会通过《1789年司法条例》的时候，这个国家成立还不足1年。宪法在许多州中都没有得到广泛认可。而且，建立联邦司法体系本身就是一件颇具争议的事情。总之，国家的根基还相当不牢固。那么，《美国宪法》和联邦法院想要赢得大众的支持和信任，可谓任重而道远。

建国者们大都认为巡回审判能在这方面发挥作用，对此有共识的人士坚信，委派大法官担当巡回审判的主角有助于加强下级联邦法院的合法性。

首先，大法官的参与能提高下级法院判决的质量和一致性。可以说，最高法院的介入能确保全国新建的联邦法院整齐划一。而且，巡回审判还可以让下级法院的判决具备终审性。毕竟，大法官都已亲临审判庭，你又何必上诉到最高法院呢？正如新泽西的参议员威廉·佩特森在1789年曾说过的那样，巡回审判使得居民“能够在自己的州见到大法官本人——而不必奔波800英里去上诉”[2]。

最重要的原因可能在于，巡回审判使得大法官担任了新联邦政府的大使。当今，我们可以在电视节目中见到总统和其他政府官员的身影，联邦政府在全国各地都有极大影响力。但在建国初期的大部分地区，参与巡回审判的大法官就是公众日常可以接触到的唯一的联邦政府代表。换句话说，正是通过大法官与全国各地的律师、当事人和地方官员频繁接触，联邦政府的形象才更加鲜活又有人情味。而且这样的做法的确不错，像首席大法官约翰·马歇尔这样的人无疑有能力激发起公众对共和国的巨大信心。

在巡回审判的过程中，大法官对新的宪法和联邦政府予以积极宣传。其中最有效的当属大陪审团听证活动。大法官主持巡回审判时的任务之一，就是挑选大陪审团成员对刑事指控进行听证。然后，大法官会向大陪审团成员发布一个“命令”——通常是一段较为冗长的发言，包含法律知识普及、道德训诫和政治演说。陪审团成员要经过精心选拔，大法官会直接向社区领袖面授机宜。而且开庭是一件大事，会有很多人来旁听，大法官的演讲经常会刊登在当地报纸上。

当然，大法官要对大陪审团成员给予法律方面的培训。但以今天的眼光来看，他们的发言就是公然的政治宣讲。我有时也会告诉听众，自己喜欢围绕历史展开演讲，因为这要比谈论时事安全很多。的确，早期的大法官比我勇敢，在国家风雨飘摇的最初，他们利用对大陪审团的演讲解决了当时政治和法律方面的诸多纷争。当然，有时也会超越尺度。曾经有一场颇具煽动性的演讲就导致大法官塞缪尔·蔡斯遭到弹劾，这是历史上的第一次。蔡斯曾对巴尔的摩的大陪审团的人说，国会废止《1801年司法条例》的做法“剥夺了公众的财产和人身自由保障，我们的共和国将落入暴民的手中”[3]。但大法官们也常常会义正词严地捍卫联邦政府，认为它保护了大众的权利和自由。全国各地的民众听了这些演讲后，无疑会深受影响。

不管巡回审判能带来多少益处，最初的条件实在太恶劣，都给大法官们施加了很多的压力和负担。他们每年在最高法院审理案件的时间不超过6周，巡回审判却要花上6个月。在这段时间里，大部分人无法与家人团聚，骑着马或坐着马车跋涉在崎岖的道路上，常常遭遇恶劣天气，每年行程多达数千英里。途中也只能入住小旅店，有时还不得不与令人厌恶的家伙同屋。更不可思议的是，大法官们还要从自己微薄的薪水中挤出全部的差旅费用。

在巡回审判中，条件最为艰苦的地区是南部广袤的乡村，主要包括佐治亚州和南北卡罗来纳州。多年来，都是来自北卡罗来纳州的詹姆斯·艾尔德尔负责这个区域。他在给妻子汉娜的信中曾描述过路途的危险。1791年，他从北卡罗来纳州的格兰维尔郡寄回一封信，慨叹“有些地方的住宿太差”，抱怨自己“住在一个‘下三烂’的地方”“被迫与几个粗鄙的家伙同屋，他们整晚喝酒、赌钱、脏话连篇”。[4]两个月后，他又从北卡罗来纳州的新伯尔尼写了一封家书，对汉娜说，自己在路上遭到了一个“无赖”的抢劫，“旅行箱的皮带被从后面解开了”。[5]第二年4月，他从佐治亚州的萨凡纳写信说，自己从马背上摔下来，被马车的轮子碾轧了，“腿部疼痛难忍”，被迫暂住在“沿途一家简陋的房子里”。[6]1798年4月，他从北卡罗来纳州的威廉斯敦寄回家书，信中描述了他涉险穿过一片沼泽地带的痛苦经历。[7]此时我居然联想起华盛顿危险的交通状况。说起早期的大法官及其家人们为国家所做出的巨大牺牲，我不免感到汗颜。

事实上，正是巡回审判的种种艰辛，才致使许多大法官早早辞职甚至英年早逝。大法官艾尔德尔在南部巡回审判地区工作8年之后不堪重负，去世时只有48岁。1793年，大法官托马斯·约翰逊仅仅工作了6个月就辞职了。他在写给华盛顿总统的信中说：“我无法下决心把一年中的6个月扔在路边的小旅馆里，连自己一些最基本的愿望都满足不了，我决定还是把这段时间留给家人。”[8]

巡回审判遇到的问题还不止这些。早期的许多大法官都认为这项制度的设立并不符合宪法规定。首先，大法官审判的一桩上诉案有可能恰恰是自己在巡回法院审理的。即使这个法官本人要求回避，其他同事也不愿推翻之前的判决，以免伤了彼此的和气。此外，在很多人看来，国会此举是通过把大法官们派往各地做巡回法官的方式，来夺取总统对联邦法官的独家任命权。

这样看来，大法官们从一开始就强烈反对巡回审判就不足为奇了。早期的大法官都是经验丰富的政界人士，在乔治·华盛顿等人的帮助下，他们在18世纪90年代发起了猛烈的攻击，要求国会废除这项制度。但直到约翰·亚当斯总统当政时出台了《1801年司法条例》，国会才开始有所行动。这个条例废除了大法官们的这项职责，确定由16位新法官来监管新成立的6个巡回法院。

这并不是一项政治上中立的改革，它所带来的轩然大波使得巡回审判又坚持了近1年。所以，如果你认为当今的司法任命制度颇具争议，可以想想这个事件。

《1801年司法条例》通过后不久，也就是在约翰·亚当斯总统任期的最后，托马斯·杰斐逊领导的民主共和党指责这个条例是“联邦党人的阴谋”，认为他们试图把联邦党的亲信塞进新成立的巡回法院。事实果真如此，在短短两周内，联邦党人控制的参议院就通过了亚当斯总统提名的所有16位候选人。其中一部分就是“马伯里诉麦迪逊案”中所谓的“午夜法官”。随着托马斯·杰斐逊的就职和新国会的组建，民主共和党人占据了主动地位，不久就废除了《1801年司法条例》，剥夺了16位新法官的职位。似乎是为了惩戒当时最高法院的联邦党人，国会又恢复了可恶的巡回审判制度。

这一次，民主共和党人一下子罢免了16位由反对党提名的法官。你能设想这种情形吗？我实在无法想象这种事情会发生在当代。但民主共和党人的下一个举动更为厚颜无耻。为避免最高法院判定废除法案违宪，国会居然取消了最高法院的下一次开庭期。

大约1年以后，舆论基本平息。最高法院收到了诉状，控告废除法案违宪。当时，首席大法官约翰·马歇尔和其他大法官私下达成一致意见，认为废除法案的确违宪，但并不想与民主共和党掌控的国会以及杰斐逊总统摊牌。于是，实用主义战胜了原则，最高法院在1803年“斯图尔特诉莱尔德案”[9]的判决中支持废除法案。显然，原告反对罢免联邦党任命的16位巡回法官的控诉遭到最高法院的无视。我认为，如果在今天，最高法院应该难辞其咎。针对原告关于巡回审判的质疑，最高法院回应说，既然这项制度执行了那么长时间，那就不能立即废除。

废除法案出台后不到1年，大法官塞缪尔·蔡斯因为向大陪审团发表激烈言辞而让自己陷入困境。在向大陪审团发表的演讲中，蔡斯痛斥废除法案并对自己的家乡马里兰州大肆攻击。他认为："罢免16位巡回法院的法官就是动摇国家司法体系的独立性"。[10]另外，马里兰州新近的宪法修正案通过了普选权，蔡斯认为这种做法"一定会很快对财产安全和人身自由造成破坏，共和国也将落入一伙暴民手中，这是最差的政府形式"[11]。

没过多久，这番言辞传到了杰斐逊总统的耳朵里。他立刻给众议院的同僚写信，建议弹劾蔡斯。众议院找到合适时机，列举了对蔡斯的8条指控。其中大部分与其在巡回审判时主持的两起著名审判有关系，称他有明显偏袒。后来，参议院否决了这些指控。但针对他对巴尔的摩大陪审团发表演说的相关指控，参议院认为"他有失大法官身份，陷入党派纷争的低级趣味之中"。于是，蔡斯仅以4票优势涉险过关。[12]这样看来，洪水与劳顿并不是执行巡回审判任务的大法官面临的唯一风险。

在接下来的70年中，巡回审判依然是大法官职责的一部分。当然，这项职责对部分人来说并非那么苦不堪言，因为他们在执法过程中有较大的自主性。大法官约瑟夫·斯托里在19世纪前半叶一直担任第一巡回法院的法官，他很享受这份工作。斯托里在1840年给朋友的信中写道："如果我的名字能流传下去，身为巡回法官的形象可能要比大法官更加丰满。就前一种职责而言，我可以经充分调研和缜密思考后作出独立判断，按我的意图自由审判。而在后一个职位上，我代表的是最高法院，我的自由判断会受到身边同事的校正、控制甚至束缚。"[13]

斯托里所言的确是实情。因为在当时，大法官们几乎从未就某起案件达成过完全一致的意见。

虽然巡回审判提供了种种机遇，但随着时间的推移又暴露出一些新的问题。交通状况的确有所好转，但随着国家的发展，巡回法院的数目有所增加，法官们管辖的面积也就相应扩大。每新增加一个巡回法院，最高法院就得增派一位大法官负责监管。1838年，巡回法院数目达到9个。当年，大法官麦金利负责第九巡回法院——管辖范围包括亚拉巴马州、路易斯安那州、密西西比州及阿肯色州——这就意味着他的行程将达到一万英里[14]，而此时还没有飞机。更大的问题在于，最高法院和巡回法院受理的案件数量不断增加，巡回审判花去了大法官们大量时间，使得他们无暇处理最高法院的诉讼。

因为上述困难，废除巡回审判的呼声在19世纪不绝于耳，但都遭到国会的否决。人们可能会忍不住指责这种愚蠢的坚持，但国会的态度无疑表明了最高法院及大法官们在国家中的重要性。从根本上来看，这些立法者担心大法官们会在华盛顿变得腐化，失去对初审法院的了解，丧失与各州普通民众的联系——这是他们不得不考虑的问题。

与今天相似，19世纪的立法者对身处华盛顿的政府官员所沾染的不良风气大肆批判。1819年，南卡罗来纳州的参议员威廉·史密斯曾在国会预言说，如果取消了大法官们的巡回审判任务，他们将“彻底封闭在华盛顿这个城市中，他们所做出的裁决不会从大局出发，将会有明显的局限性”[15]。

还有一些人预言说，如果大法官们留在首府，他们很快将受到华盛顿律师们带来的恶劣影响。

我本人对宾夕法尼亚州的参议员阿布纳·拉考克的看法很

感兴趣，他解释了大法官们的年龄在其中起到的作用。他警告说："老年人一般对矛盾都表现得很不耐烦，常常会自以为是，并易于接受阿谀奉承。这些老年人的弱点会轻易地被律师发现，然后加以利用。他们为了职业发展，有机会与同城的法官保持日常接触……而这些法官多年来饱受劳顿之苦，很希望有人可以俯首帖耳，于是华盛顿的酒吧就成了这个国家法律的诞生地。"[16]拉考克写下这些文字的时候还很年轻——只有49岁。我想凭借个人经验说一句，他的确不懂得年龄对人意味着什么。而且，我还想加一句，他的确高估了华盛顿律师的能量。

其实，华盛顿给大法官带来的影响并不是他们唯一的忌惮。多年来，立法者们一直认为，巡回审判的结束会让各州大法官们的关系变得疏远。1848年密西西比州的众议员詹姆斯·保林声称："让法官远离地方，巩固最高法院的职能，所造成的结果就是各个州的主权被强悍的权力中心所吞噬，这一天很快将到来。"[17]

一些人认为，巡回审判的工作让大法官们接触到群众，亲临初审法院的经历有助于他们成为更加杰出的法官。北卡罗来纳州的参议员乔治·巴杰预言了废除这项制度产生的后果："我们将拥有一群绅士，美国公众既见不到也不认可的大法官——他们孤零零地坐在法院——必然对各州法律的了解越来越少，这些不露面的仲裁者在私密的会议室中发布了他们的判决意见……"[18]

尽管这些顾虑不无道理，但最高法院与日俱增的工作量最终使得这项制度寿终正寝。19世纪80年代，最高法院有1000多起案件等待审理。尽管大法官们使出浑身解数，也无法完成——因为法院的工作已经积压了3年。1891年，国会最终通过《伊瓦兹法案》解决了这个危机，成立美国上诉法院来监管巡回法院的事务，开创了当今联邦法院的三层体系。它也建立了最高法院通过调卷令而自由审查的制度，据此最高法院可以审核对下级法院判决提起上诉的案件。当法院决定上诉审查时，需要授权调卷令。

最重要的是国会终于解除了大法官们的巡回审讯任务。经过100多年的努力，他们终于得以全身心地投入最高法院的工作。

当然，这项制度的废除并不能终止围绕最高法院及大法官职责的争执。的确，许多支持巡回审判的历史人物今天依然对最高法院产生着深刻的影响。1960年还在担任哈佛法学院院长的欧文·格里斯沃尔德曾写道：“最高法院的大法官们被孤零零地关在华盛顿的大理石宫殿中。”[19]格里斯沃尔德感慨大法官们缺少与全国司法界人士直接对话的机会，认为这将会影响公众对最高法院工作的积极评价。

最近，还有学者表示，大法官脱离了公共价值观，脱离了下级法院，这种情形致使他们在裁决重大问题时不够称职。[20]耶鲁大学的阿希尔·阿马尔教授甚至认为，应重新设立类似于巡回审判的制度。阿马尔表示：“让大法官们时不时地出城走走并不是件坏事，与各州的联邦法官一起坐坐，更多地了解地方法律及不同观点。”他还指出，大法官们应该经常主持刑事审判，因为这会给我们一个近距离观察的机会，看看最高法院的刑事诉讼判决实际效果如何。[21]

而西北大学的约翰·麦金尼斯教授建议，可以用“最高法院巡回审判”替代传统的“巡回审判”。大法官无须在下级法院轮岗，打破大法官共同听审的制度，而让下级法院的法官轮流来最高法院共同审理，每次时长一年或半年。就像巡回审判把大法官带到民众面前的做法一样，今天的基层法官也可以把民众带进最高法院。[22]

虽然这些建议都不可能实现，但这些讨论的确表达出巡回审判制度支持者的担忧——有必要在最高法院和地方之间建立联系，这种担忧一直存在。

现在我们依然保留了一些巡回审判制度的影子。最显著的影响当属每位大法官必须负责13个联邦巡回法院中的一个或多个。我自己曾负责第九巡回法院的工作，职责主要包括跟进下属各州的执行案件，总结向最高法院的其他法官提交的执行申请。巡回法院的法官有权决定基于紧急情况中止执行的申请，以及决定其负责的各巡回法院产生的临时措施的动议。比如，案件当事人可以要求最高法院中止下级法院的判决——也就是说，阻止它生效——直到有机会提出调卷令。而大法官们保持着与地方法官的密切联系，常常会去辖区参加由律师和法官共同出席的会议。

巡回审判的岁月一去不复返了，这的确是件好事。抛开是否违宪的问题不谈，即使拥有现代的交通和通信方式，做一位整天四处奔波的审判法官总不是件可行而体面的事情。现在最高法院是一个非常忙碌的地方——大法官们至少有份全职工作。

无论如何，我们必须感谢那些巡回审判的大法官所付出的辛苦和做出的牺牲，尤其是建国初期那段时间，他们既捍卫了宪法的尊严，也有助于巩固最高法院的地位，为今天的大法官们开辟了道路。无论如何，这些与巡回审判密不可分的价值观非常宝贵——我们必须用其他方式予以发扬。大法官的这个角色注定要求他们必须与许多人密切联系，不仅包括下级法院、律师和各个州，最重要的是广大人民。

OUT
OF
ORDER

最高法院

不断变化的司法权

记得我第一天去最高法院上班时，走进办公室就被地板上高高摞起的卷宗吓了一跳，对于这个职业来说，这简直是一种别样的欢迎仪式。成百上千起上诉案经过夏天休会期堆积如山——而留给我和我的助理阅读卷宗的时间并不多，然后就得与其他大法官开始开庭期的第一次会议。[1]在会议上，我将和另外八位大法官共同讨论在这些成堆的上诉案中，也就是申请复审的案件中，哪些需要最高法院复审。

那是我第一次对最高法院的复审程序有所体会。我刚刚加入的那一年，最高法院大概受理了159起案件[2]，现在大约每年审理90起。而大法官们是从将近8000起申请复审的案件中选择了这90起。长期以来，我们已经习惯于这样的理念：最高法院有权挑选需要审理的案件，由此来设定自己的日程。但过去可不是这样。

在最初成立的100年中，最高法院没有自由决定的权力。在实行“强制管辖权”的日子里，几乎每一起上诉至最高法院的案件都要受理。《美国宪法》第三条授权国会对最高法院的“上诉管辖权”[3]进行例外处理。而且，当时国会在决定最高法院判决哪些案件或争端方面具有主导地位。比如，在1889年前[4]，国会可以不经最高法院的审查就进行联邦刑事定罪。同时，国会规定，最高法院有义务去下级联邦法院或州立最高法院审理涉及宪法、条约或其他联邦法律的案件。[5]一旦这种案件通过“纠错令”到达最高法院，大法官们就有责任去判定这起案件的是非曲直，不管这起案件是多么不重要或多么没有意义。[6]

因为要承担相当数量的强制诉讼案，最高法院很快就发现了自己的力不从心。1860年，最高法院受理了310起案件，判决了91起。1870年，最高法院判决了636起案件中的280起。

1880年，案件总量已经达到了1202起，最终判决了其中的365起。[7]早期的大法官常常会发现自己拖欠了很多工作，努力地想提高处理效率，但一些诉讼当事人还是得等上3年才能得到开庭的消息。[8]

1891年，国会介入解决这个问题。[9]首先，如上所述，国会设立了我们今天的美国上诉法院。国会希望通过这种举措来阻止一些上诉到最高法院的案件，当然这种期盼后来还是落空了。除此之外，国会还引入了我们熟悉的调卷令。这种办法能够帮助最高法院从联邦上诉法院判决的案件中，筛选出涉及种族、专利、税收、犯罪、海事等各方面的案件，从而决定哪些案件具备复审的价值，也能对整体数量有所掌控。[10]无论如何，强制性上诉案的数量——也就是最高法院必须要受理的案件——依旧是自由选择复审的案件总量的4倍。于是，上诉案件还是堆积如山。[11]

《1925年司法条例》的出台极大地打破了平衡，这个条例也被称为“法官法案”。首席大法官威廉·霍华德·塔夫脱是法案的策划者。十年前，塔夫脱失去了1912年连任总统的机会后，就开始倡导把最高法院的强制管辖权限定在“宪政建设的问题”[12]方面。他还致力于扩大最高法院对审理案件的自由裁量权。在塔夫脱看来，最高法院承接的案件中至少有60%没有价值，所以最高法院应该有权决定判决哪些重要的案件。[13]

1921年10月的开庭期伊始，塔夫脱任命大法官范·德凡特及麦克雷诺兹组成一个委员会，负责起草最高法院司法权的改革法案。[14]据称，塔夫脱居然为确保法案顺利通过，亲自推荐参议院司法委员会的成员。[15]他号召其他的陪审大法官支持这个法案，安排他们在国会发言，并请求美国律师协会鼎力相助，甚至同蒙大拿州的参议员托马斯·沃尔什和纽约的参议员罗亚尔·科普兰就立法方面的问题达成了一些妥协。[16]

塔夫脱的强势进攻的确奏效了，我们可以发现，1925年“法官法案”顺利通过标志着现代最高法院的诞生。[17]

这个法案授予最高法院很大的自由裁决权。它基本免除了直接向最高法院提起上诉的可能性，并且规定大量上诉案需通过“调卷令”。[18]到1988年，国会几乎废除了强制管辖权的全部剩余要素。[19]今天，除个别案件外，最高法院成为完全意义上的复审法院，全权掌握自己的案件审理数量。[20]

值得注意的是，这么多年来，复审的标准没有发生大变化。早在20世纪初，最高法院就强调“在授予调卷令的时候必须慎重”“只有非常严重或影响力大的案件”及“出于确保判决一致性的考量才能动用调卷令”[21]。这些原则依旧约束着今天的最高法院。《最高法院规则》提醒说“复审并不是件正确的事情”[22]“当涉及的错误有关事实层面或对明确法律条文进行误用”，类似复审的请求“不予批准”。[23]确切地说，最高法院需要更重要的理由，比如，地方法院之间有权利纷争、联邦法律存在明显问题等，然后写出报告或口头陈述。

现在，最高法院每年大约会收到8000个诉状，而1980年只有5144个，1950年仅有1321个。[24]每年得到审理的案件大约有90起，占申请总量的1.125%。这些诉状的当事人的范围很广[25]，从大公司委托的知名律师事务所，到手写上诉令的监狱犯人，涉及的判决遍及各州法院。涉及的内容也会涵盖所有法律事务，从联邦行政机关制定的复杂的管理条例，到农场主的土地纠纷。

最高法院内部有处理这些诉状的简化流程。大法官们基本都会加入“复审小组”，其中，每位法官助理负责审阅一定量的诉状，准备简单的备忘录供全体大法官浏览，然后汇总以避免重复劳动。如果某位大法官阅读了备忘录后，认为某起案件值得复审，就会拿出来在会议上讨论，以此类推。

来到最高法院工作的第一天，我的确被堆积如山的诉状吓了一跳，但很快发现大家处理起来井井有条而且效率很高。诉讼当事人翘首等待好几年也没有任何音信的日子早就过去了。

没有任何一个程序是十全十美的。然而，我认为今天的大法官们已经从强制上诉案的桎梏中得到解脱，能够全力以赴地认真审查那些重要、有难度而紧迫的法律问题了。

OUT
OF
ORDER

珍贵的言语

出庭辩护

站在最高法院的法庭上，律师们常常会感受到来自大法官的震慑力。因为正是最高法院的书面意见构成了法律，人们一般认为，最高法院会认真商讨法律准则、书写意见、下达判决，在此过程中无须外界帮助，律师只须做到理解和运用法院颁发的法律罢了。

大法官和律师之间有两个沟通途径。尽管大法官们要回答当事人提出的法律问题，但我们的《判例法》之所以具备生命力，却要仰仗于法庭上律师们的帮助。律师们解读并阐释法律事件，提供解决问题的途径，通过口头辩论，律师们帮助大法官综合考虑各方不同意见。

已故的首席大法官威廉·H.伦奎斯特曾说："我和同事们在许多法律问题上都存在分歧。但我们一致认为，一起得不到充分阐述的案件很可能有糟糕的判决结果。因此，我们有理由期待，我们面前的诉讼当事人能有出色表现。"[1]

口头辩护律师要面对9位大法官，每位都准备了重要问题，并对答案有着自己的考虑。律师必须在法庭做出最有力的辩护，以捍卫当事人的立场。与此同时，他们也要意识到自己的责任——共同维护法律体系的一致性和连贯性。他们常常要在大脑中准备两至三条提问思路，以便应对不同大法官的关注点。

最高法院成立伊始，就面对海量工作。但考虑到当事方的切身利益及大法官了解案情的需要，最高法院首先采取的举措就是"律师执业准入"机制。1790年2月5日，也就是大法官们首次开庭的两天后，3位律师就要出现在法庭上。在这个开庭期，还有25位律师要参与到庭审工作中。如果认为这个数字不起眼的话，那之后10年的数字就较为惊人了：每年只有5位律师得到出庭许可。

最高法院设在费城和华盛顿的时候，最高法院律师协会就是“一个当地律师的俱乐部，他们受其他各地律师的委托出庭处理案件”[2]。而国会议员代理私人诉讼案件出现在法庭上也是很平常的事情。[3]

后来情况发生了很大的变化。在过去20年中，最高法院平均每年准许4300位新律师加入，这超出了1790年准入律师的百倍以上。

从某种程度而言，随着国家的发展，法律案件的数量和复杂性与日俱增，社会对律师的需求量也不断加大。正如最高法院成立之初没有律师就无法正常运转一样，最高法院的历史如果不谈口头辩护律师的作用就说不上完整。口头辩护律师对最高法院的工作有很重要的影响，如若没有他们的贡献，最高法院的法庭审判将黯然失色。

最高法院在初期所判决的最有争议的案件为1793年的“奇泽姆诉佐治亚州案”[4]。遗嘱执行人亚历山大·奇泽姆称佐治亚州无权没收南卡罗来纳州商人罗伯特·法夸尔的产业，因为这是他在独立战争中获得的。美国总检察长埃德蒙·伦道夫在最高法院的法庭上为奇泽姆做申辩。争论的焦点即佐治亚州是否可以作为一个主权实体，州政府在这个新兴国家中的权力界定成为一个基本问题。

1793年，只有两位律师获准在最高法院出庭。当时，约翰·马歇尔还未担任首席大法官，还未出现类似“马伯里诉麦迪逊”这样对最高法院颇具影响力的案件。也就是说，整个国家都没有认识到最高法院的重要性。难怪佐治亚州没有派出一位顶尖律师来应诉，造成法庭辩论中没有律师代表佐治亚州一方。

从判决意见中可以看出，最高法院在此案中颇费脑筋，与佐治亚州派人到庭辩护并无差别。但案件审理过程非常艰难，因为法庭上没有人提出相反意见，案件从一开始就对佐治亚州十分不利。于是，它败诉了。最高法院判决：联邦法院可以审理公民私人基于《普通法》或《衡平法》而对州提起的诉讼，各州并不享有所谓的“主权豁免”。享有“主权豁免”则各州免于被其他州公民起诉。

此案的判决引起群众议论，国会最终进行干预，并通过《第十一修正案》推翻了这个判决。这个修正案代表了“主权豁免”的原则，认为“司法权……不得被解释为适用于他州公民、任何外国公民或国民对合众国一州提出或起诉的任何《普通法》或《衡平法》诉讼”。自此，当事各方都会派出最好的律师出庭。

建国初期，出现在最高法院庭审现场的杰出律师要数威廉·平克尼。像许多后来的出色辩护律师一样，平克尼曾担任美国总检察长。他的专业是海洋法，从事律师职业不久，1812年美国就爆发了与英国的战争[5]，可以想象他的生意有多么兴隆。他在最高法院出庭辩护的案件多达84起。

平克尼代理的最重要的案件当数“斯库纳交易号诉麦克法登案”[6]。在这起案件中，马里兰州商人的一艘船被法国海军强行征用，当它抵达费城的时候，美国主人要求收回船只。不用说，这起案件对于我们这个羽翼未丰的国家而言有着多么重要的国际影响。一方面，一个外国政府侵占了美国公民的财产；另一方面，如果法院做出对法国不利的裁判，将损害两国关系。平克尼受总统之托，对法国政府提起诉讼。

案件的审理过程非常艰难。在意见书中，首席大法官马歇尔认为自己“在开辟一条无人走过的道路，几乎没有任何先例或书面法律条文可以借鉴”[7]。唯一帮助马歇尔做出这个有代表性判决的正是平克尼所做的口头辩词。在庭审中，平克尼称“在动荡年代，如果一国使另外一国遭受不公，司法部门可能无能为力，但行政部门有权提出纠错的诉求，因为这代表着一个国家的主权”[8]。

今天，马歇尔针对此案所做出的判决依旧被当作《国际法》的基石。[9]这个意见明确指出，美国法院缺乏对来到美国港口的外国船只的管辖权。这起案件常常由最高法院及其他国家提起，被当作外国主权国家在美国法庭享有豁免权的依据。马歇尔在意见书中还称赞了总检察长平克尼做出的精彩口头辩护，他在结尾这样写道：“如果这个判决是正确的，那么必须承认，为法庭揭露事实真相的可能就是代表美国政府的司法部部长所提出的建议。”[10]最高法院很少给出这样的赞美之词，平克尼应该感到非常骄傲。尽管最高法院很少在书面意见中认可律师的工作，但平克尼的确与众不同，他引领最高法院走出模糊的法律条文和混乱的法律事件。

平克尼的口头辩论颇具个性。他穿着华丽，态度骄傲，曾有人指责他自负、傲慢。[11]有一次，一个对手认为平克尼瞧不起自己，于是当面质问平克尼，并称自己受到了侮辱。平克尼感到很震惊，答应第二天早上会当庭道歉。

其实，最值得平克尼尊重的是一位叫丹尼尔·韦伯斯特的律师——他可能是唯一可以与平克尼比肩的辩护律师。韦伯斯特事业成功，在政界也担任过很多职位，包括美国参议员和美国国务卿。但他最突出的成就应该是在最高法院的口头辩护。他曾代理了近200起案件，作为一位律师所表现出的技巧、获得的成就及形成的影响都广为人知。塞斯·瓦克斯曼在克林顿政府担任过首席政府律师，他曾生动地说："在辩护的王国中，他不是坐在万神殿中的一员，他就是宙斯。"[12]尽管他的辩词以"引经据典"闻名，但在梳理先例和史实方面也颇具技巧。[13]

丹尼尔·韦伯斯特肖像

在19世纪早期的经典案件中，韦伯斯特曾代理“麦卡洛克诉马里兰州案”，并由此阐明，宪法授予国会含蓄默示权，从而使其能够履行宪法赋予的权力，组建功能完善的政府。[14]韦伯斯特还代理了“吉本斯诉奥格登案”，这起重要的案件明确了贸易条款下的国会权力界限。[15]上述这些一直是全国各大法学院学习的经典案例，它们阐释了联邦政府在宪法约束下的权力边界。

韦伯斯特在1818年代理的“达特茅斯学院诉伍德沃德案”[16]中，把辩护技巧发挥到了极致。作为达特茅斯学院的毕业生，韦伯斯特很热爱母校。当达特茅斯学院的院长遭到受托人的罢免后，新罕布什尔州议会强迫这所学院成为公立大学。为确认新罕布什尔州立法机构的行为是否有效，最高法院必须决定达特茅斯的法人特许状是否属于《宪法保护契约条款》中的“一份契约”，因为这项条款禁止各州颁布法令损害契约权。

韦伯斯特在庭审中以这样的句子作为开头：“根据捐赠人的意愿，慈善法人有权管理私人财产。”[17]

简单的开场后是一段令人难忘的陈述：“先生，你们可以很容易地毁掉这所学院，它就在你们的掌控之下。我知道它只是我们国家知识殿堂中不起眼的光，你们大可以熄灭它。但如果你这么做了，那就必须坚持下去，熄灭一束又一束的科学之光。在过去一个多世纪，一直照亮我们这片土地的光……先生们，正如我所说，它就是一个微不足道的小学院——然而依然有那么多爱着它的人们。”[18]

一位目睹了当时情景的人说：“韦伯斯特的情感难以自抑，他的双唇颤抖，脸颊也随之抽动，眼含热泪，声音哽咽，看样子是在尽量控制情绪，免得露出脆弱的一面。”[19]在发言的最后，韦伯斯特把达特茅斯的处境与莎士比亚笔下裘里斯·凯撒的困境相比：“当我看到母校四面楚歌之时，就如同看到凯撒在元老院任人宰割。我并非母校的骄傲，但我仿佛听到母校在对我说：你是我的儿子。”

想方设法在法庭上压抑自己的“脆弱”的并不止韦伯斯特一人。首席大法官马歇尔不是一个轻易动情的人，但据说在听取韦伯斯特陈述的过程中，前者的眼眶里浸满了泪水。[20]大法官约瑟夫·斯托里也被深深感动。他表示，不可能准确表述出韦伯斯特的“风度，言语，澎湃的激情，精彩的措辞，以及一串串的诘问……那闪亮的双眸，抖动的双唇，有力的手势，既富于变化又令人感动的音调，这一切让整个发言充满了力量、悲悯和无限魅力”[21]。后来，斯托里又回忆道：“当韦伯斯特先生停下来的时候，全场甚至有几分钟的寂静，每个人似乎都不想打破这个寂静。这个叙述仿佛就是一场惊心动魄的梦境，听众从中慢慢地、不自觉地苏醒过来。”[22]尽管我自认在最高法院也听到过不少精彩的口头辩护，但这样的描述还是让我期冀能有机会聆听丹尼尔·韦伯斯特的发言。

人们能从韦伯斯特在此案中发表的演说中得出结论，最高法院早期的口头辩护无疑更像是一场表演。像平克尼和韦伯斯特这样具有超凡魅力的辩护律师吸引了大批听众，把最高法院的庭审变成了一个社会事件。一位著名的法律史学家曾说：“在收音机和电视机还未发明的日子里，公众会把一场出色的庭审和精彩的法庭辩论当成娱乐。”[23]另外一位也颇有同感：“华盛顿的社交季从最高法院的开庭期拉开序幕。”[24]

1812年，一位大法官曾写道：“基本上每天都有成群的女士涌入法院，来聆听某位博学律师的发言。”[25]据说韦伯斯特在发言时会在句中停顿，让刚进入法庭的女士们适应。[26]

而平克尼也有类似举动，他曾在结束一段发言后，坐下来笑着说：“这对女士们来说够多了。”[27]

比起平克尼和韦伯斯特时代，今天的辩护律师显得收敛得多。毫无疑问，听众也显得稳重了不少。如果韦伯斯特能观摩一场今天的庭审，他很有可能弄不清楚这是个什么场合。在当时，口头辩护可能要进行好几个小时，还有可能持续几天。比如，“达特茅斯学院诉伍德沃德案”的辩论进行了3天，而“吉本斯诉奥格登案”的辩论进行了5天，“麦卡洛克诉马里兰州案”的庭审居然持续了9天！大法官们不在律师发言过程中提问，而且当时也鲜有判例可供讨论。抛开诸如此类的限制，律师们可以有更大的余地去发挥自己的创意、情感和演说技巧。

然而，说得多与起作用是两回事。据说，首席大法官马歇尔曾表示：“庭审的最高境界就是（大法官）能够直视律师的眼睛长达两小时，对其滔滔不绝的胡言乱语充耳不闻。”[28]这种说法极有可能是杜撰的，假如真有其事，就不难理解为何后来最高法院要废除口头辩护无时间限制的做法了。1848年，最高法院把各方辩论时间限定在两小时内，1925年缩减为一小时，1970年，每一方的辩论时间居然只有半个小时——这种做法一直延续至今。[29]

时间的变化曾引发激烈争论，一些大法官反对缩减辩论时间。比如，首席大法官罗杰·托尼担心这种做法会削弱演讲术在美国政府的影响以及当代政治辩论的传统。[30]当最高法院第一次通过判决，把辩护时间限定在两个小时之内时，两位大法官——詹姆斯·穆尔·韦恩和利瓦伊·伍德伯里公开提出反对。但随着法院受理的案件增多，缩减辩论时长最终成为可能。于是，平克尼华丽的演说及韦伯斯特长篇大论式的辩护就此终结。但是，口头辩论的重要性却没有消失。

奥古斯塔斯·希尔·加兰曾在克利夫兰担任过总检察长。他还记得自己作为年轻律师获准走入最高法院的那一天，“当我站在法庭上，说了律师的誓词，视线一下子变得模糊起来，法官们至少显得有真人的两个大，人数也有两倍之多，周围环境的比例也都放大了。”[31]当天，加兰旁听了其他两起案件的口头辩护，他说，这段经历“对一位挣扎于职业边缘的年轻人而言简直就是一场盛宴”[32]。

加兰有了一些工作经验后，继续在最高法院执业，但不久便因美国内战而中断。内战结束后，他重返华盛顿，才发现战前的案件还没有了结。他希望继续为当事人代理这些诉讼，却面临一个问题：1865年，在美国法庭上担任律师的人必须宣誓，表明他们之前从未自愿支持过任何一个与美国敌对的势力。根据《宣誓法案》，任何一位曾经对北部不忠的律师都不可能获得在美国法院出庭的资格。[33]

加兰为捍卫自己的权利进行了艰苦的斗争。1866年12月，最高法院宣布《宣誓法案》违宪，加兰能够代表当事人出庭。他帮助当事人赢得了这些官司，但对于他本人以及最高法院而言，真正的胜利远不止这几个案件。

在某种意义上，奥古斯塔斯·希尔·加兰与许多颇具天赋的律师大不相同。他不仅是一位出庭辩护的律师，自身也从最高法院的判决中受益。他对最高法院的贡献超越了具体的法律事务，除了做律师之外，还出版了几本与最高法院司法实践有关的书籍。

由于业务精通，加兰还多次对律师行业提出建议。当时，最高法院对案情摘要没有做出篇幅限制，因此许多律师借机把能想到的理由统统塞进上交的摘要中。正如加兰所言：“我们经常看到的不是什么案情摘要，而是长篇大论，甚至是一本本书籍，这要花费法官大量时间去阅读。”[34]完成这些“巨著”可能是律师的本职工作，但它们对法官了解重要案情没有帮助。更麻烦的是，整理这些大部头至少要花上6天时间，然后才能开庭。这就会给对方留下3天用来准备答辩的时间，由此可以想象，这些摘要对于最高法院的用处实在有限。[35]

今天，法院对案情摘要的字数进行了限定。调卷令申请不得超过9000个单词，而当事各方的口头辩词不得超过15000个单词。[36]这样一来，律师发言会有计时提醒，他们也会在出庭前精心润色自己的文书（法庭辩论的3个月前必须提交诉状的开头）。这种做法有助于口头辩论环节聚焦在最重要的问题之上。而且，大法官对案件做出缜密思考后，需要准备问题，帮助阐明并厘清案件涉及的重点。

摘要的有效性并不会让口头辩论显得多余，一份出色的文书凸显出几个关键问题，有时会引发一场精彩的口头辩论。比如，大法官罗伯特·杰克逊1938年至1940年间曾担任首席政府律师，是一位杰出的辩护律师。有人认为，杰克逊的语言功力在最高法院历任大法官中最为出色，而他从来没有上过法学院。这位令人敬畏的大法官清晰地认识到自己作为辩护律师的重要性："虽然听证的时间越缩越短，但它的重要性却不曾减少。这种趋势就意味着，时间越短，每一分钟就显得越发可贵。"[37]

以华丽修辞为特征的"夸张辩护"在当代法庭并不常见，这种做法也不受鼓励。最高法院书记官写给新律师的指南中包括下列建议："最高法院不是陪审委员会，辩护律师一般都会想方设法利用事实和情感来打动人。但在最高法院，律师应该通过辩明法理来说服法官。"[38]

大法官鲁思·巴德·金斯伯格谈及口头辩论在现代社会肩负的功能时说："法庭不是一个发表宏大演说的场合，而是知识渊博的律师和法官之间针对案情的思想交流、对话或讨论，当然，他们在事前都要做大量准备工作……"[39]

这里，没有人认为口头辩论空洞乏味，律师、当事人及法官都对其颇有兴趣。但是当代的法庭辩论对公众的吸引力非常有限，因为最高法院从事的法律实践更多地聚焦于案件的法律层面，而非情感层面。

最能体现口头辩护风格变化的案件莫过于众所周知的“布朗诉教育委员会案”。这起案件由约翰·W.戴维斯代表实施种族隔离的学校一方，而瑟古德·马歇尔担任“全国有色人种协进会”的辩护律师。

约翰·W.戴维斯是公认能与韦伯斯特比肩的杰出辩护律师。的确，他于1913年至1918年担任首席政府律师，首席大法官查尔斯·埃文斯·休斯曾评价，聆听戴维斯的辩护词是最高的“智力享受”[40]。大法官约瑟夫·拉克·拉马尔也进一步指出，戴维斯所具备的说服力有时能让大法官们停止发问，“约翰·W.戴维斯的语言非常流畅，以至于我们会忘记应该提出问题。”[41]

瑟古德·马歇尔在霍华德大学法学院读书的时候，就曾去最高法院旁听过戴维斯的辩护。提到戴维斯，他难掩崇拜之情：“我从他身上学到了太多东西。”[42]马歇尔曾作为律师出庭打赢了许多官司，却说：“戴维斯是一位伟大的律师，称得上是最伟大的律师。”[43]“每次聆听约翰·W.戴维斯辩护的时候，我都问自己‘我是否能做到这种程度……’，而结果都会告诉自己‘不，我不行’。”[44]

这幅漫画由赫伯特·布洛克（“赫布洛克”）作于1954年“布朗诉教育委员会案”裁决后，题记写道：“向首席大法官沃伦致以最崇高的爱戴与尊敬。赫·布洛克。”

戴维斯和马歇尔两人的辩护风格不同。哈佛法学院的教授马克·图什内特这样解读他们的差异：“戴维斯的发言能向公众展示什么是口头辩护。他的辩护词逻辑严谨，各个段落衔接紧密，具备20世纪初演讲术修辞华丽的特征。”[45]图什内特曾做过马歇尔的法官助理，认为马歇尔的风格截然不同：“马歇尔能够用一两句话表明核心观点，确立自己的基本道德观念。但他不会抓住这一点不放，属于谈话式的风格。当谈及一些具有重大意义的话题时，他的谈话就会表明，他和所有大法官都应该去关注这个必要的主题并理智地去解决这些问题。”[46]

这场关于废除种族歧视政策的辩护是戴维斯最后一次出现在最高法院的庭审现场，两人差异化的风格得以充分展示。“戴维斯先生显得非常激动。”首席大法官厄尔·沃伦回忆道，“我认为，他曾有几次情绪失控。”[47]据瑟古德·马歇尔说，戴维斯做完总结陈词回到座位上时，泪水打湿了双颊。

在美国历史上，“布朗诉教育委员会案”的重要性毋庸置疑，因为它推翻了普莱西案“隔离但平等”的准则，承诺黑人享有原先并不具备的完全公民待遇。但本案的另外一个贡献并未得到充分重视，那就是对有效口头辩护的认识上的改变。戴维斯以高超的辩论术和动情的诉求在他的那个年代名声大震，而马歇尔简洁有效的问题解答似乎指明了未来之路。

最高法院“格鲁特诉鲍灵格案”的口头辩论现场

随着口头辩护风格的变化，提问方式也相应做出了改变。在最高法院早期，大法官不做任何发问。1824年，一位报纸记者将最高法院描述为“不仅是世界上最有尊严、最开明的法院，还是最有耐心的法院。法官们常常聆听数小时的发言，自己却一言不发，既不叫停也不打断”[48]。

我认为最高法院依旧保持着它威严和启蒙的特征，但其耐心的名誉恐怕不保。如今，律师说不上几分钟就会被法官的问题打断。所以，当代的辩护律师必须擅长应对一连串的密集提问，而且可能从发言开始就充满了火药味。

1940年，约翰·W.戴维斯围绕口头辩护主题给纽约律师协会做了一次演讲。其中，他列出了所谓的“十诫”：

站在法官的立场来思考问题。

先陈述案件的性质，简要陈述背景。

阐述事实。

表明你所运用的法律条文。

始终“直击要害”。

法官提问是件值得庆幸的事情。

只选择必要的内容朗读。

避免人身攻击。

对卷宗内容非常熟悉。

坐下。[49]

值得一提的是第六条：法官提问是件值得庆幸的事情。正如戴维斯所言："如果问题无关紧要，那么你可以放心了，法官没有昏昏欲睡，你至少激起了他们的一些兴趣。"[50]

戴维斯抓住了问题的关键之处。如果大法官不频繁提问，那就很难理解口头辩论的作用，不明白口头辩论与律师之前提交的摘要有何差别。口头辩论首先为法官提供了一个机会，迫使律师来解答案件的难点；其次也为律师提供了契机，来回应法官关注的焦点，并阐释何种判决才最恰当。当9位大法官聚集在一起聆听口头辩护的时候，他们也得到了解同事态度和看法的机会。这个过程可以看作是大法官们在律师的帮助下相互间展开的一场对话。

随着时间的推移，大法官提问的问题数量有所增加，种类也发生了变化。E.巴雷特·普雷蒂曼曾在20世纪50年代担任最高法院的法官助理，对这种趋势做过如下评论："就在几年前，如果一位律师能吃透案件卷宗，并掌握同类案件的专业知识，那么他到最高法院做口头辩论就能感到信心十足。但这样的日子过去了。今天，辩护律师比以往任何时候都要做好充分准备，去迎接一连串假设性提问，内容不仅会涉及自己代理的案件，还可能是一系列不相干的事实和情境。”[51]在之后的半个世纪中，这种假设性问题的数量也不断增加。

这种趋势可能与大法官的法律专业背景有部分关系。大法官金斯伯格、布雷耶、斯卡利亚及卡根之前都曾担任全职的法律教授。正如金斯伯格所言：“习惯性地痴迷于‘如果……会怎样’或‘假如……会怎样’的问题。”[52]

连珠炮式的提问对律师来说压力很大。1944年，在“黑兹尔-阿特拉斯玻璃公司诉哈特福德帝国公司”一案中，一位律师在辩论过程中晕倒了。这起案件涉及到一位成功的诉讼人当庭舞弊的时候，上诉法院有放弃判决的权力。这些欺诈指控受到各种宣誓书的人的支持，也遭到各种反宣誓书的人的反驳。当讨论到一个具体的宣誓证词时，大法官威廉·道格拉斯问律师：“谁起草了这份证词？”这位可怜的律师跌倒在地，头撞在了桌子上。他恢复意识后的第一件事便是看着道格拉斯大法官，然后回答说：“我写的。”[53]

大法官们对口头辩论的价值也各持己见。其中，大法官小奥利弗·温德尔·霍姆斯向最高法院的判决记录官表明，自己对案件的看法从不因辩护词而改变。[54]而持相反意见的大法官小威廉·约瑟夫·布伦南认为口头辩论非常重要："我对案件的整体把握常常会因为口头辩论而逐渐明朗……它就如同大法官和律师之间一场苏格拉底式的对话。"[55]他在哥伦比亚特区巡回上诉法院工作期间，首席大法官约翰·罗伯茨也表达了类似的观点，称口头辩论是"不断渗透的思想开始结晶"[56]。

在我看来，口头辩论对我形成判断具有很大帮助。我常常会带着某种倾向性参与口头辩论过程，对结论不断进行修正。我的疑虑往往会随着辩论的结束而一一得到解答。

人们常问我，在我就任大法官期间，谁是最出色的辩护律师。的确有太多才华横溢的律师，但就表现的稳定性而言，没有人比当今的首席大法官约翰·罗伯茨更为出色。

罗伯茨拥有非同寻常的清晰思维和坦率的表达方式，即使案件中涉及一些专业或晦涩难懂的主题也不例外。我知道，他曾花费大量时间去提升这方面的能力，方法就是给一个聪明但没有法律背景的人解释这些案件的要点。我认为，这一点值得许多辩护律师学习。

当今的口头辩论与最高法院建立初期大不相同。但自从首席大法官马歇尔对平克尼给予高度赞誉开始，有一件事就从未更改：一位杰出律师的清晰导向对大法官做出公正裁决很有帮助。马歇尔的上述观点也能用来解释罗伯茨的做法：在出庭辩论之前，罗伯茨总要摸摸最高法院一楼大厅里陈列的约翰·马歇尔的巨大塑像。这就是大法官和辩护律师之间的联系，从最高法院建立开始，一直保持不变。

OUT
OF
ORDER

最高法院的习俗与传统

由于最高法院一直在社会中占有重要地位，大法官们开创了形形色色的风俗与传统。有些出于实用考虑，有些从联合掌权的初衷出发，还有一些旨在形成法院的办事风格。许多公共习俗——比如为法院参观者设立的规定——给办事程序增添了几分正式性和严肃性，显示了最高法院庄严的一面。与此同时，一些私人习惯——比如那些针对大法官的约定——强化了大法官之间亲密而协作的工作关系，反映出良好的人际关系对完成工作的重要意义。

对大法官而言，最熟悉的仪式莫过于宣

誓就职。依照《美国宪法》规定，所有联邦雇员都应该宣誓。《美国宪法》第六条第三款规定：

Supreme Court of the United States

No. ----- October Term, 1980

I, SANDRA DAY O'CONNOR, do solemnly swear that I will support and defend the Constitution of the United States against all enemies, foreign and domestic; that I will bear true faith and allegiance to the same; that I take this obligation freely, without any mental reservation or purpose of evasion; and that I will well and faithfully discharge the duties of the office on which I am about to enter.

So help me God.

Sandra Day O'Connor

Subscribed and sworn to before me this twenty-fifth day of September, 1981

Warren E Burger

Chief Justice of the United States

桑德拉·戴·奥康纳大法官的就职誓词，上面有奥康纳本人及见证人沃伦·伯格的签名。

上述参议员和众议员、各州议会议员以及合众国政府和各州一切行政、司法官员均应宣誓或郑重声明拥护本宪法；但不得以宗教信仰作为担任合众国任何官职或公职的必要资格。

誓词内容由国会决定。1789年至1861年使用的最初版本如下：“我庄严宣誓（或确认），我决心拥护《美国宪法》。”从19世纪中期开始，誓词几经修改，最终国会确定了今天使用的这个版本：

我，________，庄严宣誓（或确认），我决心拥护和捍卫《美国宪法》，防止国内外一切敌人的侵犯。我将忠于《美国宪法》并恪守不渝。我自愿承担这项义务，毫无思想保留，也决无推诿之意。我将恪尽职守，履行我即将承担职务的一切职责。愿上帝助我。[1]

这份宪法誓词适用于除总统之外的所有联邦雇员。[2]

另外，国会还确立了法官宣誓的规范。《1789年司法条例》明确规定“最高法院的大法官和地区法官在履行各自职责之前”，要进行宣誓或确认。根据《1990年司法改进条例》，司法誓词如下：

我，______，庄严宣誓（或确认），我将不分人群，无论贫富，主持正义。在美国的宪法和法律的指引下，恪尽职守，履行我即将承担的______的一切职责。愿上帝助我。[3]

1991年10月，克拉伦斯·托马斯成为第一位使用这份誓词的大法官，之后的大法官都按照他的规范来宣誓。

如果一位大法官不愿分别宣读两份誓言，那么可以按照一份组合的誓词来进行宣誓，格式如下：

我，______，庄严宣誓（或确认），我将不分人群，无论贫富，主持正义。在美国的宪法和法律的指引下，恪尽职守，履行我即将承担的______的一切职责；我决心拥护和捍卫《美国宪法》，防止国内外一切敌人的侵犯。我将忠于《美国宪法》，恪守不渝。我自愿承担这项义务，毫无思想保留，也决无推诿之意。我将恪尽职守，履行我即将承担职务的一切职责。愿上帝助我。[4]

1954年3月20日，首席大法官厄尔·沃伦宣誓就职时宣读了上述誓词。艾森豪威尔总统早在五个月前，也就是首席大法官弗雷德·文森去世后的国会休会期，就对沃伦进行了提名。于是，沃伦已经进行了两次宣誓。当参议院最终批准了他的永久任职后，沃伦可能感到非常厌倦，于是选择了组合誓词。1969年6月23日，他在公开法庭主持了继任者沃伦·伯格的组合宣誓仪式。这还是第一次由即将离任的大法官为其接班人主持就职宣誓仪式。首席大法官沃伦·伯格也对前辈的这份誓词表示认同。

《美国宪法》第六条和《联邦法规》都没有明确规定宣誓的程序。第一位首席大法官约翰·杰伊在纽约州首席法官理查德·莫里斯的带领下宣读了两份誓词，这个不起眼的仪式于1789年10月19日在州法庭举行。[5]他并不是第一位这么做的大法官，两周前，大法官詹姆斯·威尔逊宣誓成为第一位完全意义上的最高法院成员。由于没有规定必须在另一位法官面前宣誓，于是詹姆斯·威尔逊在费城市长面前举行了仪式。[6]

联邦巡回法院成立后，大法官们或接到委任状就宣誓，或到达巡回法院履职时宣誓。[7]由于工作量大，大法官们很可能还没等到最高法院开庭，就已经到巡回法院开展工作了。那么，大法官第一次回最高法院参与庭审时“就把委任状交给书记官，由后者当庭宣读，并登记在册”[8]。

19世纪后半期，最高法院的开庭时间有所增加，大法官们的巡回审判任务也相对减轻，这样他们就可以在去巡回法院工作前先来最高法院报到。[9]从那时起，举行两次宣誓仪式的传统开始确立。第一次主要是宪法宣誓——与所有联邦雇员相同，这个仪式通常在最高法院私下举行，由首席大法官或资深的陪审大法官主持。[10]第二次是公开仪式，由书记官主持法官宣誓。[11]

两次宣誓的传统虽然保留下来，但举行仪式的地点却不断发生变化。1940年，富兰克林·德拉诺·罗斯福总统邀请新任命的大法官弗兰克·墨菲在白宫举行宪法宣誓。[12]自此，大法官们通常会在白宫宣誓就职，即使有时候他们已经进行过宣誓，还得到白宫再举行一次。比如，1988年2月18日，大法官安东尼·肯尼迪曾在最高法院的法官会议厅进行了两次宣誓，当天开庭时又在公开法庭进行了一次法官宣誓。第二天，在里根总统的白宫特殊仪式上又进行了一次宪法宣誓。[13]最近，一些大法官针对这种倾向表达了自己的看法。大法官约翰·保罗·史蒂文斯认为，仪式更应该在最高法院而不是白宫举行，这样才能更好地诠释三权分立的意义，并突出司法的独立性。[14]

首席大法官哈伦·菲斯克·斯通（右一）在落基山国家公园宣誓就职。

有些时候，大法官会因为特殊情况在一些意想不到的地方宣誓。比如，首席大法官哈伦·菲斯克·斯通获得批准时，正在科罗拉多度假。他收到了白宫寄来的电报后，就选择在科罗拉多的斯普拉格酒店宣誓，主持人是洛基山国家公园负责人韦恩・H.哈克特。[15]1994年夏天，刚刚获得批准的大法官史蒂芬・布雷耶兴致勃勃地前往首席大法官伦奎斯特位于佛蒙特州东北部里海湖岸的乡间别墅游玩，只得在没有任何新闻媒体出席的情况下，由妻子见证了他的宣誓仪式。当天早上布雷耶的秘书曾告诉一位记者，大法官只是临时出差了，而最高法院负责公共资讯的官员在仪式举行1小时后才把情况通报给记者们。[16]

当然，伴随这些宣誓仪式的还有许多伟大的第一次。比如，1940年1月18日富兰克林・德拉诺・罗斯福总统邀请墨菲去白宫举行宣誓仪式，罗斯福便成为第一位见证大法官宣誓的总统，而墨菲也成为首个在白宫宣誓的大法官。1945年10月1日，哈里・S.杜鲁门成为第一位亲临最高法院见证宣誓仪式的总统，当时举行法官宣誓仪式的大法官是哈罗德・海兹・伯顿。

大法官安东宁・斯卡利亚获得了一个特殊的荣耀，他成为第一位在同一天面对不同的首席大法官宣誓的人。1986年9月26日，退休的首席大法官沃伦・伯格在白宫主持了他的宪法官宣誓仪式，也主持了新的首席大法官威廉·伦奎斯特的仪式。当天晚些时候，伯格在最高法院为伦奎斯特主持了法官宣誓仪式。继而，新任首席大法官伦奎斯特为斯卡利亚主持了法官宣誓仪式。[17]

1986年9月26日，首席大法官威廉·伦奎斯特（左三）和大法官安东宁·斯卡利亚（左一）的宣誓仪式在白宫东厅举行。

而戴维·苏特更是不甘示弱地成为首位电视转播其宣誓仪式的大法官。1990年10月8日，乔治·H.W.布什总统在白宫见证了首席大法官伦奎斯特为苏特主持的宪法宣誓仪式，前面架着数台摄像机。

1981年9月25日，桑德拉·戴·奥康纳在大法官会议厅签署就职誓词，身边是首席大法官沃伦·伯格。

成为首席大法官前，约翰·罗伯茨曾多次参与宣誓仪式。2005年9月29日，大法官史蒂文斯为这位新任首席大法官主持了一个私密而温馨的法官宣誓仪式，地点在白宫的外交接待室，罗伯茨的家人和其他大法官都见证了当时的情景。当天晚些时候，史蒂文斯又为其在白宫主持了一个公开的宪法宣誓仪式，乔治·H.W.布什总统亲自出席，媒体进行了全程现场直播，参加活动的有其他大法官及他们的配偶，还有一些高级官员。离开白宫后，罗伯茨的宣誓仪式还没有结束。过了一周，他又在法庭的就职仪式中宣誓，因为再过1小时就是2005年10

月第一个星期一的开庭期。

索尼娅·索托马约尔和埃琳娜·卡根两位最新的大法官没有在白宫举行过宣誓仪式。两人都是先在最高法院的大法官会议厅进行了宪法宣誓，然后到会议室进行法官宣誓，参加仪式的是一些朋友、家人及其他大法官。她们的法官宣誓仪式都在电视上进行了直播。[18]后来，她们又在最高法院的正规就职仪式上再次宣读司法誓词，贝拉克·奥巴马总统亲临会场。[19]因为法庭中不允许拍摄照片或录像，这些仪式没有留下任何图片。新任大法官具有标志意义的相片往往来自仪式结束后的时刻，他与首席大法官一同走下法院门前的白色大理石台阶，共同面对聚集在广场上的媒体记者。至于他们迎着无数闪光灯走下台阶时具体谈了些什么，外人就不得而知了。

我作为第一位得到大法官提名的女性，自然成为第一位进行宣誓的女性大法官。除此之外，我还是一位宣誓仪式上有来宾到会议室观礼的大法官。1981年9月25日，我在那个熟悉的环境中宣读了誓词，参加仪式的有我的丈夫，还有罗纳德·里根总统、南希·里根夫人、首席大法官沃伦·伯格的妻子薇拉·伯格。那个时刻简直妙不可言，我将终生难忘。

在1981年的授职仪式上，大法官奥康纳（右）、首席大法官伯格（中）与里根总统（左）合影。

正式的就职仪式有一个有趣的传统，始于1972年刘易斯·鲍威尔的仪式，每位新任大法官获准可以坐在首席大法官约翰·马歇尔曾坐过的那把椅子上。[20]最近，大法官索托马约尔称，坐在这张礼仪用椅上是她的就职仪式中“最具象征意义的时刻”，她感到各种复杂情感和“悠长的历史都在体内流淌”。[21]我能清晰地记得，1981年9月25日，书记官亚历山大·斯特瓦斯领我走向那个座位，我的丈夫和三个儿子、我的父母及兄弟姐妹就在一旁观看。它是我体验过的最高法院诸多传统中的第一个。其实，这些习俗贯穿于大法官每天的工作当中。

我最喜爱的传统之一是在口头辩论之前与其他大法官握手。走向工作席之前，大法官们都会聚集在更衣室，大家相互握手，总共36次。尽管稍有争议，但普遍认为这个习俗是由1888年至1910年担任首席大法官的梅尔维尔·富勒所创立。尽管工作过程中有多次握手，但这个被称为“法官握手”的传统象征着大法官们必须放下个人喜好或意识形态方面的差异，并且团结协作。这个仪式确保大家能暂时把因激烈争议引发的失望和怨气统统抛下，至少保持心平气和的态度，用真诚的问候迎接即将到来的庭审。它在这个关键的时刻提醒每位大法官，要精诚合作，团队中必须保持亲密的同事兼友人关系。

我依然清晰记得自己的第一次法官握手，这要归功于大法官拜伦·怀特，这位名噪一时的全国橄榄球联盟的明星队员给了我坚定的一握。当时，我与每位同事一一握手，而拜伦·怀特的手是那么有力，疼得我眼泪夺眶而出。从那次起，我就决定只握他的大拇指，因为这个先发制人的握手让我知道，在今后许多年中都得经受这样的礼遇。

首席大法官约翰·马歇尔大约在1819至1835年间坐过的椅子。最高法院在1819年使用过的办公家具中，它是唯一存留至今的。

法官们完成握手礼后，还有两项习俗等着他们。第一项涉及到他们步入法庭的方式。坐席后面耸立着4根大柱子，自然分隔成三个进入的通道，而优雅的垂帘让通道显得尤其狭窄。于是，每3位法官分享一个通道。

与此同时，法院的典礼官进行着一个精心设计的简短仪式。她敲响了小木槌后，大法官们开始入场，庭审现场的所有人必须起立。大法官三人一组出现在工作席，典礼官用洪亮的声音宣布："尊敬的美国最高法院首席大法官和陪审大法官。"法官就位后，她继续说道，"肃静！肃静！肃静！所有亲临最高法院现场的人注意，现在开庭。上帝保佑美国，保佑最高法院。"然后，她轻敲第二下，大家就座。

大法官们三人一组就位的习惯始于最高法院搬至现址的1937年，但开场词则更早就开始使用了。1790年2月2日，按规定，6位大法官中的4位到场后，就宣布大家肃静，开始正式庭审，当时办公地点还在纽约商业交易所大楼。新成立的最高法院任命了它的第一位"喊话人"理查德·温曼。第二天，温曼第一次开始履行职责。自此之后，每次开庭前都会听到这样的呼喊，尽管内容几经变化。而喊话人却没有如此幸运，1962年这个岗位就被取消了，最高法院的典礼官承担了这项职责。

上午庭审结束后，大法官们聚集在一起开始另外一项不太正规但很有必要的传统礼仪：午餐。每个庭审日，大法官们中午时分都会在餐厅里共进午餐。按照规定，进餐过程中不讨论工作，这是个让大法官们暂时从紧张的庭审中得以放松的机会，他们可以如朋友般聚会聊天。为了让这个场合显得轻松，大家不按照资历就座。但此时，座位安排却遵循另外一项习俗。进入最高法院工作时，每位大法官都被安排坐在自己前任的那把椅子上。由此，上一位大法官的餐厅礼仪也传承给了他的继任者。

除了午餐，法官的资历原则一直在最高法院的运行中扮演重要角色，确切地说，它在整个联邦司法体系中的作用不可或缺。因此，大法官们的座席根据资历排列，首席大法官坐在中央，主持整个庭审过程。而大法官们在出席所有公开仪式时也按照类似的资历排序。

这种资历体系对最高法院的工作具有重要而深刻的影响。比如，大多数情况下，由最资深的大法官分配判决意见的书写任务。与之类似，大法官们私下开会讨论案情的时候，发言和表决的顺序也是依照资历决定。资深在公共仪式中代表着更高地位，在法院工作中代表着更大的影响力。

1998年1月，克林顿总统发表国情咨文演说时到场的大法官们。大法官们依照资历就座，从右至左依次为首席大法官威廉·伦奎斯特、大法官桑德拉·戴·奥康纳、戴维·苏特、克拉伦斯·托马斯和史蒂芬·布雷耶。

与之相反，按照约定俗成的规矩，资历最浅的大法官需要肩负许多看似不太令人愉悦的任务。比如，大法官们会按照资历离开法庭，资历浅的自然走在最后。当大法官们列队出席总统的年度国情咨文演说、总统就职典礼及其他仪式时，这个惯例也会保留。最明显的是，这位资历最浅的大法官要充当九位大法官机密会议内外的联络人。有两项重要任务需要完成：一是当工作人员敲门的时候，他需要去开门；

二是向等在门外的办事员传递机密会议的指令和消息。

我当年接替史蒂文斯而成为资历最浅的大法官时，我知道，对于女性是否需要承担上述种种不太光鲜的任务，大家有些不同看法，其实这种顾虑大可不必。据说大法官史蒂文斯曾坦率地指出，他相信我不愿意接受差别待遇。他说对了，我非常乐于传承这个习俗。我做了五年看门人，1986年大法官斯卡利亚得到任命后，把我从这些职责当中解放了。

除此之外，资历最浅的大法官还是法院自助餐厅委员会的成员。大法官卡根目前担任这项工作，最近为餐厅引入了冻酸奶和椒盐脆饼干。

上述种种习俗见证了最高法院从无家可归、无事可做、不受重视的机构慢慢成长的历程。它是一个受传统约束的机构——而正是这些传统构成了最高法院日常工作的一部分，也帮助它成为社会中更有影响力的机构。

OUT
OF
ORDER

法庭趣事

最高法院的走廊和办公室一般都异常安静。大法官小奥利弗·温德尔·霍姆斯曾描述最高法院拥有“风暴中心的寂静”[1]。大法官和他的助理们通常在办公室里专心阅读卷宗，研究案件中的难点。然而，这种严肃认真的氛围也会不时被幽默和玩笑打断。平常人都喜欢有意思的笑话——大法官们也不例外。

有时，剑拔弩张的口头辩论过程中也会冒出一些笑料。2005年，一位法律教授整理了自2004年10月开庭期以来长达75页的辩论词文本，他“计算了每位大法官的‘笑料平均数’，也就是用整个开庭期发生的笑料总数除以参加的口头辩论总场次”[2]。他得出的计算结果是什么呢？大法官安东宁·斯卡利亚显然“获得了压倒性的胜利”，创造了当年77次的纪录。[3]排在其后的是大法官史蒂芬·布雷耶的45次。我似乎获得了第七名。

《纽约时报》针对这个“研究”写了一篇幽默的文章，其中给大法官斯卡利亚冠以“最搞笑的大法官”[4]的称号。大法官鲁思·巴德·金斯伯格曾在好几个场合表示，大法官斯卡利亚“说的话是如此的不可思议，如此的有趣，以至于我得使劲掐自己以免当庭笑出声来”[5]。

2001年，在乔治·W.布什总统的首次就职典礼前，奥康纳大法官（左）与布雷耶大法官（中）交谈。

“最搞笑的大法官”称号的有力竞争者——布雷耶大法官曾在一场围绕《第四修正案》的庭审中说了一句话，引发了“狂笑和吼叫”。这起案件涉及某学校官员因怀疑学生在衣服里藏毒，而对她进行了搜身，[6]庭审的焦点在于这种搜查是否合适。

庭审中，大法官布雷耶说：“我记得，大概在8岁、10岁或者12岁的时候，我们每天都要换衣服，换上运动服，对吧？而且我也有类似经历，有人曾把某些东西扎进我的内裤里……”

现场的哄笑让布雷耶有些慌乱，他立刻收回了刚才说的话：“也许不是内裤，管它是什么呢。也许我是那个恶作剧的人？我也忘了。”

现任的首席大法官约翰·罗伯茨也曾因庭审中“轻松而诙谐的风格”引发了关注[7]。2005年10月31日正值万圣节，罗伯茨主持了他第一个开庭期的一次庭审，这起案件是关于破产情形下的主权豁免问题。突然，大法官们头顶上的一个灯泡爆了，此时金斯伯格大法官正在发言。

“我想我们……我想没什么问题，新任首席大法官总是会受愚弄。”罗伯茨自嘲道。

“万圣节快乐！”斯卡利亚大法官说。

“此刻我们处于比以往任何时候都黑暗的境地。”首席大法官面无表情地说。而金斯伯格像什么都没发生一样，继续着她的发言。

大法官的幽默感在司法确认过程中也受到了关注。在对埃琳娜·卡根的确认听证会上，纽约州的参议员查尔斯·舒默强调了大法官卡根在这方面的潜能，他称大法官斯卡利亚“最能让人发笑”，但认为目前这位受提名者“可以和他一决高下”。[8]

有些笑话来自出庭律师，但取得的效果不可一概而论。在著名的堕胎案件“罗伊诉韦德案”中，被告亨利·韦德的律师是一位来自得克萨斯州的助理司法总长，他以一个笑话开场，就没有收到理想的效果。他说：“尊敬的首席大法官，我想讲一个老套的笑话，当一个男人像这样与两位漂亮的夫人据理力争的时候，她们将拥有决定权。”整个法庭一片寂静，仿佛在提醒说，辩护时说笑话很可能是个危险举动。[9]我敢肯定，这位律师下次出庭时还想讲笑话就得三思了。

在庭审中，律师在回答问题时把九位大法官弄混是件常被人忽略的乐事。可怜的大法官苏特就曾好几次被人叫错了名字。2004年的一次庭审中，我的一位前任法官助理斯里·斯里尼瓦森代表美利坚合众国出庭辩护。斯里不小心把大法官苏特错称为“大法官斯卡利亚”，然后立即道歉。苏特毫不犹豫地回应道：“谢谢，请向他道歉。”2007年，一位律师又错将苏特错称为“大法官金斯伯格”，苏特再次镇定地回答：“我是大法官苏特……您过奖了。”[10]

大法官苏特的麻烦还不止在最高法院内部。有一年，大法官布雷耶和他的妻子乔安娜在新罕布什尔州的木屋度假。一个家伙把自己的皮卡停在路旁，车上带着一支步枪，要求与大法官谈谈“华盛顿枪支问题的未来”。布雷耶法官告诉那个男人最好发邮件来探讨这个问题，对方激动地说：“见到您真高兴，大法官苏特。”苏特听完这事后，称这种情况只有可能发生在自己的家乡新罕布什尔州。不久后，苏特去了马萨诸塞州，有个男人在街上握住他的手，惊呼道：“妈妈，妈妈，快来啊，与布雷耶大法官握握手，他可是新罕布什尔州人，你最喜欢的大法官。”

还有一次，大法官苏特在马萨诸塞州吃饭，突然有人走上前来问他在最高法院的“第一年”过得怎么样。苏特意识到那人把自己当成了布雷耶，因为大法官布雷耶曾在哈佛法学院教书，又在波士顿做过联邦法官。他决心将错就错，免得对方难堪，于是说，这一年在最高法院最开心的事情就是“认识了戴维·苏特，一个很棒的家伙”。

的确，人们有时候会忘记，大法官们既是专业上的同事，又是亲密的伙伴——每一份友谊都经历了许多趣事。大法官斯托里曾以首席大法官对红酒的偏好开起了玩笑，在一次接受约西亚·昆西的访谈中，斯托里不无讥诮地说：

“大法官们的交际非常普通，没什么特殊。如果没有法律工作打扰，我们的社交时光大多用于轻松而坦率的交谈……我们都是些苦行僧，如果不遇上潮湿天气，基本不喝酒。哦，有关红酒的话题可会泄露我们的秘密——首席大法官有时会脱下制服，对我说：‘斯托里老兄，走到窗口去看看，真的没下雨吗？’如果我要回答说外面阳光明媚，大法官马歇尔有时会说：‘这样更好。我们的司法管辖权覆盖的区域那么大，根据概率论，一定有地方下着雨呢。’你要知道，首席大法官是在联邦主义和马德拉酒的滋养下长大的，他可不是一个忘本的人啊。[11]”

越战期间，大法官哈里·布莱克门曾引发大法官威廉·道格拉斯大费周章的行动。说来很有意思，道格拉斯确信美国联邦调查局局长J.埃德加·胡佛已经在最高法院的会议室安装了窃听器，于是要求大家仔细检查。其他大法官都对他的神经质不以为然，但有一天突然听到从屋里某处传来响亮的“嘟嘟”声，道格拉斯大法官把手用力向桌上一拍，说自己早就知道事情会是这样。于是，他坚持把屋里彻查一遍，但没发现任何窃听器或者不规则的电子声响。得知了结果后，布莱克门不为人察觉地笑了笑，用托着脑袋的手悄悄地碰了碰耳朵里塞着的助听器。我1981年到法院工作时，记得也曾听到过布莱克门的助听设备发出的轻微声响，当时还纳闷是什么声音。估计当时其他同事都已经习以为常了。

大法官雨果·布莱克曾取笑首席大法官沃伦·伯格积极改善房间照明设备的举动。沃伦·伯格认为，只有拿出一套像样的照明设备，才能激发大家的热情。在两次口头辩论期中间的休息期，他给自己的套间和大法官的会议厅安装了荧光照明系统。一切就绪后，他邀请其他大法官来房间参观。我听到的版本是这样的：大法官布莱克如约出现后，什么也没说，准备离开房间时看着沃伦·伯格充满期待的脸庞，轻轻摇摇头，用略带夸张而颤抖的声音说："啊，大法官先生，这些变化……这些变化……"而这个布莱克正是曾告诉哈里·S.杜鲁门总统不要插手国有钢铁厂，让尼克松总统不要再隐瞒五角大楼的那个布莱克。

作为一位最高法院的大法官，你与其他8位伙伴可能要共事很多年。我在2005年宣布退休的时候，最高法院的9位大法官已经在一起工作了11年。这些年中，我当然对同事们诙谐的一面非常熟悉。我常常想起大法官瑟古德·马歇尔十足的幽默感，他特别善于讲故事，曾告诉我一件1963年在肯尼亚见到英国菲利普王子的趣事。当时正值乔莫·肯雅塔总理的就职庆典，菲利普王子用高雅的英国口音问马歇尔："你是做什么工作的？"马歇尔说自己是律师。菲利普王子嘟囔了一声，似乎显得有些不以为然。大法官马歇尔立刻回答说："你想知道我对王子的看法吗？"听到这个机智的回答，菲利普王子大笑着说："不用了，我们喝一杯吧。"

如果说大法官马歇尔的幽默感众人皆知的话，首席大法官伦奎斯特的有趣一面却鲜为人知，许多人不知道他热衷于开玩笑、表演小品及参加各种比赛。[12]许多滑稽的照片可以反映出他1952年在最高法院做法官助理时的情景——坐在办公桌前喝酒、抽烟；自己侃侃而谈的时候，同事C.乔治却在故作姿态地欣赏院里的喷泉。[13]伦奎斯特是一个吉伯特与沙利文迷，曾为他的前任上司罗伯特·杰克逊创作了一个名为《天皇万岁》的歌剧小品，其中有这样的诗句：

斯坦利·福尔曼·里德用他独有的方式躲过了公众的谴责，

因为"没有人能看出我是否持有异议"[14]。

这是对斯坦利·福尔曼·里德大法官的一个戏谑，据说他有个习惯，无论对法庭判决是同意还是反对，总是不表态。

首席大法官伦奎斯特对音乐的偏好让他在最高法院内部沟通方面如鱼得水。一次，他下发了"巴恩斯诉格伦剧院案"的判决草稿，这是1991年非常著名的案例，有关脱衣舞是否受《第一修正案》保护的问题。首席大法官在发给我和其他大法官的备忘录中引用了约翰尼·莫瑟的歌曲《最爱美好》，这首歌在1945年荣登排行榜第一名。他在备忘录中表达了自己的希望，草稿的主题是“非常积极的”，可以用下面的句子表达：“强调积极的一面，消除负面影响，抓住乐观的方面，不要做稀里糊涂的中间人。”[15]

伦奎斯特是个爱开玩笑的人，还曾在愚人节对前任首席大法官沃伦·伯格搞了一次恶作剧。他让一个街头摄影师为游客提供机会，和与伯格真人一样大小的剪贴板合影，然后不辞辛劳地把这幅巨大的照片带到法院，只为了让伯格知道这个玩笑。[16]

伦奎斯特似乎特别喜欢捉弄前任首席大法官。1992年，在前任首席大法官厄尔·沃伦的肖像邮票发行仪式上，伦奎斯特宣布：“厄尔·沃伦的双亲都有斯堪的纳维亚血统——他的父亲是挪威移民，母亲是瑞典移民。我把他看作第一位伟大的斯堪的纳维亚裔美国首席大法官。”[17]

事实上，在伦奎斯特的努力下，有一个传统保留至今，它也是最高法院的一个娱乐来源——法官助理在每个开庭期结束之际为所有的大法官和工作人员表演滑稽小品。还是一个新任大法官的时候，伦奎斯特就要求首席大法官伯格举办年度演出。他还试图说服最高法院的记者团也助兴表演一个节目，但遭到拒绝。[18]据称一位记者对他说：“我们不介意吃点儿东西，喝点儿红酒，但我们不是训练有素的猴子。”[19]而法官助理们欣然接受了这个提议。现在，他们每年都针对大法官和开庭期中发生的事件表演一些讽刺剧目。我清晰地记得1994年上演的滑稽作品，当时电影《侏罗纪公园》刚刚在上一个夏天名声大噪。在剧中扮演哈里·布莱克蒙的法官助理在其中一幕大喊：“恐龙！真的，我记得恐龙。沃伦（伯格）和我曾在孩提时代骑过恐龙！”

尽管法院的工作性质严肃，压力很大，但法官助理能在一个和谐的社交环境中工作，这一点对大法官们来说非常重要。另外一个能让法官助理放松的项目是每周的篮球赛，举办地点位于法庭楼上的体育馆，被大家亲切地称为“国家最高球场”。大法官拜伦·怀特乐于参加这项比赛，通过这个场合对同事有了更为深刻的了解。但同时他是一个竞争意识非常强的人。一天，怀特摆动手臂，不小心打在一个年轻助理的喉结上，后者立刻倒地昏厥。怀特凑上去，看看他，问道：“你没事吧，小伙子？”“没关系。”对方用虚弱的声音回答。不想怀特却说："那就好，起来继续比赛！"

1997年，在比尔·克林顿总统第二次就职典礼上的大法官们。图中着法袍的大法官从右至左依次为鲁思·金斯伯格、威廉·伦奎斯特、安东宁·斯卡利亚、桑德拉·戴·奥康纳、安东尼·肯尼迪、约翰·史蒂文斯、戴维·苏特、史蒂芬·布雷耶、克拉伦斯·托马斯。

几年后，大法官托马斯因为打篮球摔断了一条腿，不得不打着石膏。大法官肯尼迪问怀特："拜伦，是你干的吗？"大法官怀特辩白道："如果是我的话，他的两条腿都得打上石膏。"

幽默感对任何职业而言都是宝贵的财富，在美国最高法院的神圣殿堂中更是不可多得的宝物。

OUT
OF
ORDER

传奇大法官

如果你参观过最高法院一层大厅，就会发现它的装饰风格带有一些艺术气息——墙上悬挂着离世陪审大法官的肖像。其中许多人你可能感到陌生——他们都很荣幸地为最高法院工作过，但历史已经淡忘了他们。还有一些大法官令人难忘，本章记录了这样四位具有传奇色彩的大法官：史蒂芬·约翰逊·菲尔德、小奥利弗·温德尔·霍姆斯、詹姆斯·麦克雷诺兹和威廉·道格拉斯。

这四位不一定是最高法院最负盛名的法学家，当然霍姆斯应该能归于这个行列，但是，他们都是颇具个性的人物，纯粹以突出的性格在历史上留下了印记。可能其中一位显得不那么光彩照人。但无论历史对他们作何评价，这四位都值得我们深入了解。

他们来自东北部、南部和远西部，在最高法院的任期从南北战争到越战，跨越了一个世纪。他们被当时的环境所塑造，同时也书写了这段历史。每个人都揭示了这样一个道理：法官不仅仅要履行审判程序。可以这样说，在他们的长袍下，大法官就是真实而独特的平常人。而今，人们更多地关注大法官的思想理念，但应该记住，法官的个人经历和性格也很重要——因为它们能丰富或弱化我们的法庭。

史蒂芬·约翰逊·菲尔德大法官是位真正的先锋，他来最高法院工作始于1849年的淘金热。那年，他35岁，离开了在纽约从事的律师行业，去加利福尼亚赚钱。来到加州的一年间，他就帮助当地兴建了马里斯维尔镇，这个边境小镇靠近内华达山麓的金矿区，他很快当选为治安法官，正是这短暂的任期让他初识审判的滋味。

身着法袍的大法官史蒂芬·菲尔德，大约摄于1890年。

有一件小事记录了菲尔德审理采矿权纠纷的情形，因为没有正规法庭，案件就在当地一家酒吧兼赌场审理。当陪审团裁定原告胜诉的时候，被告的代理律师大声抨击陪审团，并扬言自己将“建议当事人拿着刀来抵制这个裁定”。陪审团主席正要开枪，却遭到菲尔德的制止。据说，他从口袋中掏出一把猎刀，用牙齿叼着，然后拔出一把手枪，用它指着那位律师的头，中间就差6英寸远。“该死的家伙，收回你刚才的话，否则我就送你下地狱。”菲尔德说道，吓得那个可恶的律师喘着粗气说：“我收回。”接着，法庭就休会了。[1]这个故事可能有些夸张，但边境法官的形象却是真实可信的。

菲尔德很快就当选为加利福尼亚州议会议员，但是这个立法机关的风气比菲尔德的酒吧法庭文明不了多少。据菲尔德后来说，36位议员中有超过三分之二的人武器从不离身，议员在辩论中为了强调自己的观点而挥舞手枪简直是家常便饭。1857年，菲尔德进入加州最高法院三人成员组，在这里工作了6年。即使在这里，暴力也常伴左右。大卫·S.特里是菲尔德的同事，也是他一生的对手，因为在一次争执中开枪打死了一个政治对手而被迫辞职。

1863年，国会把最高法院的大法官人数扩展至10人。林肯总统提名菲尔德作为第10人，作为西部各州的代表。1869年，国会规定最高法院人数维持9人规模。但菲尔德却留在了最高法院，连续工作34年，一直到1897年才辞职。

菲尔德的司法经历表明，他是商界的朋友、联邦法规的敌人及各州权利的捍卫者。他开创了这样的理念：《第十四修正案》的正当程序条款对政府的商业规范提供了一个实质性的约束，宪法保护了契约自由和开展贸易的权利。比如，菲尔德曾在一次判决中与大多数法官持不同意见，这次判决认为，伊利诺伊州的立法机关有权规定有升降设备的谷仓和公共仓库的最大库存量，有权要求经营许可。菲尔德在异议意见中写道："我反对任何政府立法机关为任何人的私有财产确定价格。如果这种权力被施加在一个物品之上，那么就有可能适用于所有物品。小到棉布长袍，大到城市大厦，每个物品的价格都受到立法机关的掌控。"[2]他警告说，尽管他主张的这些原则往往引起争议，但具有讽刺意味的是，这些观点在他退休后立刻大行其道。[3]20世纪最初的40年中，菲尔德倡导的经济权利理论在最高法院占据统治地位，最高法院宣判众多约束贸易和劳力的联邦法律或州法律无效。

菲尔德在最高法院任职期间，曾两次竞选美国总统——分别是在1880年和1884年。当时，现任大法官去竞选政治职务的情况不是没有，但依旧不算寻常。毫无疑问，菲尔德的政治野心在某种程度上影响了他在法庭上的表现。

尽管菲尔德在政界显露头角，但他从未失去与加利福尼亚州的联系。当时，最高法院的大法官依然每年要离开华盛顿特区到各地巡回审判——也就是说，大法官要到负责地区的下级法院与那里的法官共同审理案件。大法官菲尔德被派往第九巡回法院，与现在相同，这个法院覆盖了加利福尼亚州和遥远的西部地区。他每年要行驶数千英里履行职责。在1889年的巡回审判过程中，在菲尔德身上发生了一件大事。

1885年，菲尔德曾参与审理过一起案件，他的老对手和加州最高法院的前同事大卫・S.特里是当事一方。菲尔德以藐视法庭罪判特里入狱6个月，后者公开威胁说会报复。4年后的1889年，当菲尔德在加州巡回审判时，特里登上了同一列火车。争执过后，菲尔德的保镖开枪打死了特里。菲尔德和他的保镖两人都被捕入狱，后来获得释放。这样来看，直到菲尔德进入最高法院工作，边境法官的名号始终追随着他。

1902年，也就是大法官菲尔德退休后的第5年，小奥利弗・温德尔・霍姆斯被任命来最高法院工作。霍姆斯出生于马萨诸塞州坎布里奇的一个望族，这里距加州的金矿区非常遥远。他逐渐成长为“波士顿婆罗门”的一员，与拉尔夫・瓦尔多·爱默生及其他精英交往频繁。的确，他父亲就是一位著名的作家和医生。霍姆斯在哈佛大学和波士顿的沙龙中构成了自己的知识体系，成为最高法院历史上最博学的大法官。但是对其早年影响最大的要数内战中在联邦军队的服役经历。霍姆斯在内战中曾4次严重受伤，而他的许多波士顿密友都在战争中牺牲了。他目睹了大量可怕的死亡场景，从战场回来后带着对人性和真理的深切怀疑。然而，他依然对生命抱有一种强烈的渴望。

之后，霍姆斯曾发表了名为《士兵的信仰》的演说，表达了战争带给他的矛盾心理。他说："我不知道什么是真的，我不知道宇宙的意义何在，但在重重困惑中，在崩塌的信条面前，有一件事情不容置疑，那就是彻底的信任……它引导士兵舍弃生命去盲从一个命令，他从事着自己不甚了解的事业，执行着完全没有概念的任务，运用着似乎无用的战略。"[4]他的这些话打动了西奥多·罗斯福，正是后者提名他成为大法官的。

战后，霍姆斯进入哈佛法学院学习，并在波士顿从事律师工作。他把自己的哲学素养带入了法律工作，很快就因发表了专著《普通法》而成为响当当的法学家。《普通法》就是法官根据庭审判决而确立的法律，不同于立法机关制定的法律。霍姆斯希望利用科学原理把《普通法》的不同分支整合起来。尽管这方面的努力并未取得显著成功，但他帮助确立了一个观念，即从学者的角度革命性地思考法律。他说，从本质而言，法律不是被创立的，而是被制定的。换句话说，法律就是法官和法庭在行使权力的时候做的事情，因此它是历史、社会及政治背景下的产物。因为法律是被制定而非创立的，霍姆斯呼吁对法律进行改革，让它建立在理性而科学的基础之上。

1882年，霍姆斯到马萨诸塞州的最高上诉法院工作，他先担任法官，后来担任首席法官，前后共20年。财产纠纷和刑事诉讼带来的真实案件与法律所提出的理论问题相交汇，他非常享受工作带来的乐趣。直到1902年，西奥多·罗斯福总统提名他进入最高法院，在接下来的29年中，他一直担任陪审大法官。

或许霍姆斯对法院审判程序的最大贡献在于他坚持在经济管制方面对行政机关的司法尊重。正如之前的菲尔德大法官，霍姆斯最著名的判决是异议意见——但具有讽刺意味的是，霍姆斯反对的正是菲尔德大法官倡导的理念。在1905年声名狼藉的“洛克纳诉纽约州案”判决中，最高法院取消了纽约州的一条法律，它曾把面包店工人的工时限定在每周60小时或每天10小时。法院坚持前任大法官菲尔德的思路，认为这种做法干涉了面包店与工人之间的私人合同，因此违宪。霍姆斯表达了强烈的反对意见，认为宪法没有制定任何特殊的经济规则，把自己的政治偏好施加于民选政府部门不是最高法院的工作职责。

大法官小奥利弗·温德尔·霍姆斯，大约摄于1902年。

这个立场在霍姆斯其他几个异议意见中也曾被反复提及，被当作霍姆斯支持经济和社会管制的一个标志。但事实上，霍姆斯是一位现实主义者，相信劳资纠纷必须依靠政治力量或谈判才能得以解决。霍姆斯所倡导的司法克制理念在其他几起案件中得以体现，但众所周知没有什么进展性结果。在“贾尔斯诉哈里斯案”中，霍姆斯写道：“最高法院不能剥夺非裔美国人权利的州选举法，因为它无权限制各州的行为。”霍姆斯还竭力支持各州享有强迫智力迟钝者做绝育手术的权力，他直言不讳地指出“低能者有三代就足够了”[5]。

在最高法院的历史上，霍姆斯是动作最快、最具口才的大法官之一。对于周六安排的案件，他在周一或周二就会写好判决书，周三能够分发阅读。他崇尚简练的风格，认为这样的表达才更为有力。“小蛇的毒性才最大。”他给一位朋友的信中这样说道。[6]常有人说，霍姆斯的判决意见很易读，但很难懂。尽管他的推理过程有时显得晦涩，但精妙的文笔足以让他的判决书具有不朽的价值。

在“一战”中，有些人呼吁工人不要去登记服兵役，霍姆斯认为此类演讲要加以限制。他写道：“每一次行动的性质都依赖于当时的环境……对言论自由的最大保护不是去保护一个在拥挤的剧院中大放厥词、制造恐慌的人。”[7]但两年后，霍姆斯对曾遭禁锢的言论自由进行了令人叹服的辩护。

> 当人们认识到时光已经磨灭了许多战斗的信仰，他们或许更为相信到达终极之善的行为基础应该依靠自由的思想交锋——检验真理的最佳途径正是思想的力量，这种力量是否能被残酷的市场竞争所接受，真理是他们达成愿望的唯一基石。无论如何，这就是我们宪法的真谛。[8]

霍姆斯希望成为那个时代最伟大的法学思想家，他最终还是做到了。他对生命拥有非同寻常而颇具感染力的热忱，并且没有随着岁月而流逝。著名记者沃尔特·李普曼曾把他描述成一个“拥有骑士气质的圣人，他的出现可以引发各种风险……他拥有璀璨的智慧，喜欢逗其他圣人开心”[9]。另外一个老友亨利·詹姆斯这样描写62岁的霍姆斯：“我从未见过有谁这么多年保持不变，温德尔就像一个装满水的杯子，无论怎么移动，也不会洒出一滴。”[10]

80岁的时候，霍姆斯写下了对未来的设想：“‘这条路会一直通往山顶吗？是的——一直到尽头。’因此，一个人必须大胆尝试。”[11]他一直坚持工作到1932年，退休时已经90

岁。两年后，他去世了。与大法官菲尔德一样，许多在异议意见中表达的立场在他死后立刻为人接受。1937年最高法院面对富兰克林·罗斯福总统的“法院填塞计划”而做出了改变，有关司法尊重经济管制的倡导最终获胜。他毫无疑义地被看作历史上最伟大的大法官之一。

相较之下，大法官詹姆斯·麦克雷诺兹通常被认为是最高法院历史上最糟糕的大法官之一。尽管他以反对新政而闻名，但其恶名主要来自于其异常低劣和固执的性格。

麦克雷诺兹1862年出生于肯塔基州，在范德堡大学和弗吉尼亚大学接受教育，是一位典型的南方旧式绅士。他深受父母正统基督教义的影响，保持较为古板的社会和政治观念。他曾这样评价自己：“你不能把一朵白玫瑰画成红色的。”[12]他拥有强烈的个人荣誉感和道德正义感，通常把那些与自己意见相左的人看成傻瓜或恶棍。这样的观念导致他在担任大法官期间与他人冲突不断。正如麦克雷诺兹的一个朋友所言：“像麦克雷诺兹这样的人，既令人振奋又难以相处。说他令人振奋是因为我们需要他来提醒自己道德标准的重要性，说他难以相处是因为他在任何时刻都可以把一场争论转化为一场斗争。”[13]

麦克雷诺兹曾在田纳西州的纳什维尔当了20年律师，1903年来到华盛顿，在西奥多·罗斯福政府担任助理司法部部长。他在罗斯福总统推行的“反托拉斯”运动中获得了极大成功，1912年离开政府创办的私人律所的时候，他被大家当作“自由主义者”和“激进分子”，当然这种定位并不很准确。“反托拉斯”运动中确立的名声使他吸引了伍德罗·威尔逊总统的注意，1913年他被提名为威尔逊政府的司法部部长。但麦克雷诺兹刻薄的个性很快让他在国会和政府树立了不少敌人。第二年，威尔逊提名麦克雷诺兹去最高法院工作，有人说，这只是把他请出内阁的一种策略。

尽管大法官麦克雷诺兹在最高法院工作长达26年，但他的性格的确不适合这里。他在辩论中很难听从他人的意见，而且毫无节制地发表自己的观点。由此，他被称作“华盛顿最粗鲁的人”。他曾对同事传阅后签署的意见发表过如下评论：“这令我恶心！”——他实在缺乏合作精神。他称自己是反犹太主义者，对布兰代斯和卡多佐两位犹太裔大法官表现得非常不礼貌，比如，他曾在卡多佐的就职典礼上看报纸。麦克雷诺兹终生未婚，在华盛顿的社交圈中大胆地向女士求爱。尽管他在社交场合认识了不少女性，却认为女性参政是荒谬的。他是一个不折不扣的种族主义者，用一种居高临下的家长作风对待黑人雇员。他对自己的黑人男仆哈里·帕克非常不友善，仿佛对待一只捕鸟猎犬，外出打猎时竟要求对方蹚进刺骨的冰水中去捡被自己击中的鸭子。

麦克雷诺兹在最高法院的工作成果并不显著。他书写的判决意见很简短，多半引自下级法院的判决书，很少引用权威人士的言论或经典论述来支持自己的结论。他在大家眼中是商界的朋友，对经济管制深恶痛绝。随着1932年富兰克林·罗斯福当选为总统，麦克雷诺兹便成为闻名遐迩的“天启四骑士”的领头人，这四位大法官曾多次站在宪法立场上投票反对新政。麦克雷诺兹认为新政昭示着“美国体系”的土崩瓦解，他把最高法院当作保护国家不受社会主义侵害的最后一个堡垒。而且，他很不喜欢富兰克林·罗斯福，把对方描述成白宫里“残废的蠢蛋”。罗斯福对他还以颜色，在每周的扑克牌比赛中，把那张万能牌称为“麦克雷诺兹大法官”。

1937年罗斯福总统利用“法院填塞计划”应对最高法院反对新政的详情在上文已经提及。但鲜为人知的是，这个创意来自1914年麦克雷诺兹的一个类似计划，当时他还是司法部部长。他为了排除最高法院的干扰，建议下级联邦法院在任法官如果到了70岁，就委派一位新法官予以替代，从而增强下级法院的工作效率。罗斯福总统以其人之道还治其人之身，以类似方法打击麦克雷诺兹和法院的保守同僚们。

当然，总统希望把听话的大法官塞进最高法院的计划没有成功。据说，“法院填塞计划”有助于形成“节约应有限度”的原则。这种说法指的是大法官欧文·罗伯茨的位置变化，是从“小洞不补，大洞吃苦”演绎而来的。许多人认为，罗伯茨大法官接连在好几起案件中投票新政无效，但在1937年的“西岸宾馆诉帕里什案”中突然转向，就是为了保护最高法院不受填塞计划的影响[14]。但后来的说法表明，罗伯茨大法官是在罗斯福总统宣布计划之前投的票[15]。无论如何，1937年“四骑士”的终结，也预示了大法官麦克雷诺兹的衰败。他1941年退休，距离79岁的生日还有3天。在最高法院的历史上，他是提出异议最多的法官。他于1946年去世，但没有一位大法官去参加他的葬礼。

如果你不愿费力去设想麦克雷诺兹大法官的反面是什么样，威廉·道格拉斯大法官就是个现成的例子。如果说麦克雷诺兹是顽固的保守主义者，以严格的道德准则要求自己的话，道格拉斯则是最高法院历史上最具自由主义精神的大法官，他放荡不羁的行为帮助他获得了一个绰号——“疯狂的比尔”。

道格拉斯1898年出生在明尼苏达州。在他5岁的时候，父亲去世了，母亲在华盛顿的北亚基马独自把几个子女养大。母亲称道格拉斯是自己的“珍宝”，并说他有一天会成为美国总统，这也是他一生为之奋斗的目标。在华盛顿读了大学后，他进入哥伦比亚法学院。他曾帮助监管运送绵羊的火车，从而省去了到纽约的车费。

在法学院读书期间，他娶了家乡的女友，后者是教师，帮助他顺利完成学业。道格拉斯逢周末才会与妻子相会，成功瞒过了同学。由于在法学院成绩出色，毕业后不久，他就一跃成为当地有名的法学教授之一。他在商法改革方面的见地引起了富兰克林·罗斯福政府相关官员的注意。1937年，他被任命为美国证券交易委员会的主席。作为一名激进的改革者，他大刀阔斧地对纽约证券交易所进行重组，引起了全国瞩目。1939年，罗斯福总统提名道格拉斯去最高法院工作。40岁的他成为最高法院历史上最年轻的大法官之一。

但道格拉斯的野心远不止此。他一直把目光聚集在白宫，差点实现目标。1944年，他成为罗斯福总统首选的竞选伙伴，但暗箱操作使得他失去了提名机会。1948年，杜鲁门邀请他成为自己的竞选伙伴，但遭到他的拒绝，因为他认为杜鲁门不会赢得大选。最终，他的努力化为泡影，只得连续当了35年的大法官。

在最高法院，道格拉斯成为美国历史上最具自由主义精神的大法官，常常发表不同意见。他是《第一修正案》的捍卫者，始终坚决支持言论自由。1965年，他撰写了“格里斯沃尔德诉康涅狄格州案”的意见书，认为政府禁止避孕药的销售是违宪行为，由此为“罗伊诉韦德案”奠定了基础。他坚决反对越战，认为这场战争违宪。在担任第九巡回法院法官的时候，他试图阻止向越南派兵，阻止1972年轰炸柬埔寨，但都未能成功。

尽管他在华盛顿政坛迅速崛起，一直都身居要职，但始终保持西部的做派。他头戴一顶斯泰森毡帽，保持着西部口音，在鞋子上划火柴，对首都的社交传统表现出不屑的态度。他是大名鼎鼎的作家；据罗斯福总统所言，他还是个高明的扑克牌手；值得注意的是，他还热爱户外运动，尤其是爬山，走过的地方很多。每年夏天，他都会返回华盛顿，住在喀斯喀特山脉的小木屋中。

这里有一件关于他的趣事。1970年夏天，几位律师想把一份案件的紧急申请书提交给大法官道格拉斯，然而后者当时正在喀斯喀特山脉。律师们穿着商务套装，拎着公文包，长途跋涉去山里找道格拉斯。他们的当事人是在反对越战游行活动中被逮捕的抗议者。鉴于对道格拉斯的了解，律师们相信他能给自己的当事人提供紧急援助。但他们不了解，比起理查德·尼克松和越南战争，道格拉斯更反感有人扰乱他的野营旅行。律师们找到道格拉斯时已近黄昏，却被告知第二天一早再来取判决意见。他们不情愿地拖着沉重的步伐返回，但第二天一早赶来的时候，却发现岩石下面压着一张纸片，上面写着："拒签——威廉·道格拉斯。"

因为酷爱户外运动，道格拉斯成为热忱的环境保护主义者，不遗余力地开展保护野生环境的工作。《华盛顿邮报》支持沿华盛顿特区附近切萨皮克-俄亥俄运河的纤道修建一条公路，道格拉斯向报纸编辑们发起挑战。让他们与自己共同徒步走完185英里的纤道。几位编辑接受了这个挑战。这次徒步引发了公众的极大关注，最终把这条古老纤道列为国家历史公园。道格拉斯发起了许多类似事件，赢得了大家对保护自然景观的支持。

大法官威廉·道格拉斯在波托马克河

尽管道格拉斯在许多方面都取得了成就，但他的生活还是有很多麻烦。1951年，他成为第一位离异的大法官，因为另外一个女人而离开了与自己生活了28年的妻子。1963年，在其65岁之际，他再次离婚，娶了一位23岁的姑娘。三年后，他第三次离异，这回娶了一位仅20岁的女孩儿。每次离婚都给他带来沉重的经济负担。年近70岁之际，他几乎一贫如洗。与此同时，他面临着来自尼克松总统和国会保守派的反对声浪，晚年的道格拉斯患上了严重的偏执症，不得不受到政府的监控。

道格拉斯私生活的混乱大概影响到他在法院的工作。大法官布伦南曾说，道格拉斯在最高法院的最后10年可以用“不修边幅”和“错误百出”来概括。在一次严重的中风后，道格拉斯在1974年选择辞职。任职期间，他至少面临两次下议院的弹劾。他写过1000多份完整的意见书，其中包括近500份异议意见。而近一半的异议意见都是单独异议，这为他赢得了“独行侠”的绰号。他写过32本书，包括一本畅销的传记和许多旅游札记。道格拉斯于1980年去世，被埋在阿灵顿国家公墓，应其生前要求，墓碑上刻着“威廉·道格拉斯，美国陆军二等兵”。

英国演员唐纳德·辛登曾说：“演员应该高于生活。你在日常生活中会遇到非常平凡的人，但我不理解你为何能忍受在舞台上看到这样的人。”如果把最高法院比作一个舞台，上述4人都是高于生活的演员，使得“这场戏”非常有意思。每个人身上都带着成长的烙印：菲尔德深受加利福尼亚边境的影响，霍姆斯有波士顿的贵族气质，麦克雷诺兹身上有旧南部的影子，从道格拉斯身上可以看到华盛顿州高山的气质。时代造就了每个人，他们每个人也为生活的时代留下了印记：菲尔德与遥远西部的开放密切相连，霍姆斯与美国内战、工业革命和第一次世界大战都有关联，麦克雷诺兹见证了旧经济秩序的逝去和新政的到来，而道格拉斯经历了新政、越南战争。他们对政府与商业的关系、安全与自由言论的关系有着各自不同的认识，而且都坚持自己的理念。每一个人都在最高法院的审判程序中留下了印记，不同的是以异议意见的形式。当自己的理念遭受挑战的时候，他们都会义无反顾地选择孤军奋战。他们中有人并不可爱，有人的理念和行为偶尔也配不上所担任的这个要职。

他们的故事可能揭示了我们希望在大法官身上寻找的某种性格。但无论我们能从中获得什么启示，这些非同一般的人物都值得我们永久铭记。

OUT

OF

ORDER

离开但未被遗忘

人们更多地关注大法官加入最高法院的过程，以及在他们得到提名前所从事的职业，而大法官离开最高法院的经历却鲜为人知。大法官们执着于自己的司法角色、最高法院的工作及其对于国家的贡献。离开最高法院并不是一个容易做出的决定，每位大法官都有各自的原因。本章讨论离职的相关法规，大法官们离开最高法院的理由，以及他们离开后所从事的活动。

这些年来，有关大法官退休金的规定几经变化。第一个相关法规于1869年予以通过。它规定，年满70岁并至少10年工龄的大法官可以退休，他们有权终生领取薪水，数目与辞职前等同。[1]辞职意味着大法官司法职位的终结，他（直到1981年都是男性！）就不能再参与最高法院或其他联邦法院的工作了。

这个规定在1937年发生了变化。当时，最高法院废除了罗斯福新政所制定的一些法规。为确保其他规定能够得到支持，富兰克林·罗斯福总统提出建议，每当一位法官年满70岁，他就有权任命一位新法官。有些国会议员提出为大法官设定法定退休年龄，但罗斯福总统不愿妥协。[2]

1937年3月1日，国会通过了《退休法案》（萨姆纳-麦卡兰）。这个法案允许最高法院大法官享有“终身待遇”，而联邦巡回法院和地方法院的法官从1919年起就开始享受这一待遇。[3]《退休法案》规定，年满70岁的大法官并担任联邦法官至少10年，就可以退休享有“终身待遇”，而不是像联邦法官那样辞职。[4]根据这个规定，退休的大法官依然是联邦法官。他们虽然不能继续参与最高法院的工作，但可以在其他地区法院或巡回法院履行司法职责。这个法案还允许大法官继续领取薪水。[5]第一位享有“终身待遇”的大法官是威利斯·范·德凡特，他是一个保守派，曾反对罗斯福政府的新政，是闻名的“四骑士”之一。[6]

20世纪80年代，相关法律再次发生变化。大法官必须满足“80规则”[7]才能享受终身待遇。根据这项规定，如果年龄和司法服役年限相加不低于80，年满65岁的大法官就可以退休。他们仍然可以终身领取与退休时等量的薪水。[8]除此之外，退休享受终身待遇的大法官还可以继续领取“职位薪水”——也就是有权享受与在任大法官同样的待遇——只需履行司法义务或为其他政府部门工作，完成相当于在任大法官三个月的工作量。[9]

享受终身待遇的下级法院的法官有权继续在家乡法院或其他有需要的地方审理案件，但最高法院的大法官不能在自己获准成为大法官前的那个法院继续工作。这项规则一直被严格遵守的原因，源于大法官威廉·道格拉斯的退休过程。道格拉斯大法官的健康状况不佳，病情在1974年末遭受了一次中风后严重恶化。[10]在1975年第一个开庭期，道格拉斯无法坚持法庭辩论，同事们也都不再安排他撰写意见书。[11]

1975年11月12日，道格拉斯提交了辞职申请。[12]约翰·保罗·史蒂文斯接替了他的职位后[13]，道格拉斯大法官却提出，在退休前，他能够参与审理已通过调卷令的案件[14]，并进一步表明，他计划撰写“巴克利诉瓦莱奥案”的意见书[15]，后者是一起重要的竞选财务案。他写了意见书，准备交给在任大法官们传阅，却遭到大家的反对。首席大法官伯格写了一份备忘录，由全体大法官签名，表示道格拉斯作为一位退休大法官，无权继续参与口头辩论、法院会议或进行案件意见书的投票和书写。[16]

绝大多数大法官离开最高法院无非出于三种理由。第一是在任时死亡。共有50位大法官于在任期间去世。[17]上述的退休规定有助于降低这类事情发生的概率，因为大法官们无须为了薪水在身体状况不佳时坚持工作。1937年《退休法案》颁布后，只有8位大法官于在任期间去世，而1954年后，只有首席大法官威廉·伦奎斯特出现了这种情形。[18]绝大多数大法官从此开始享受终身待遇。[19]

第二种被大法官们经常提及的辞职或退休原因是年事已高或身体不好。[20]因为大法官们在任期间往往“品行端正”，这也就意味着一个终生约定，所以大部分人在退休之际年事已高。当然，如今这份工作对体力的要求比最高法院成立初期要低得多，因为当时要执行巡回审判任务。1796年辞职的大法官小约翰·布莱尔和1857年辞职的大法官本杰明·罗宾斯·科蒂斯都把巡回审判任务列为辞职的重要理由之一。[21]

大法官们至少有两次主动敦促他们的同事提出辞职，因为糟糕的健康状况影响了有效的工作。如上文所讲，道格拉斯大法官中风后因疼痛无法行走，而且智力受损，同事们曾要求他退休。当时，道格拉斯开始在投票中改变以往立场，并遭受疼痛的折磨而无法坚持口头辩论，其他法官只得想法令他辞职以剥夺他的司法权力。[22]1932年，大部分大法官也联合起来建议奥利弗·温德尔·霍姆斯大法官退休。霍姆斯当时已接近91岁高龄，身体极度虚弱，成为历史上年龄最大的大法官——这个纪录直到今天还无人超越。[23]首席大法官查尔斯·埃文斯·休斯曾在一个周日造访霍姆斯家，履行了他后来自称“非常讨人厌的职责”，敦促霍姆斯大法官“在体力不济的时候不要再硬撑着继续工作了”[24]。第二天，霍姆斯就向胡佛总统提交了辞呈，其中写道：“身体状况使我必须离开钟爱的事业，我感到非常遗憾”。[25]

第三个辞职的原因是从事了其他政府工作。两位早期的大法官曾辞职去州政府工作。1791年，约翰·拉特利奇辞职后去南卡罗来纳州做首席法官。[26]第一任首席大法官约翰·杰伊

1795年辞职后当了纽约州州长。[27]

1861年，大法官约翰·阿奇波尔德·坎贝尔辞职加入南部邦联，当时正值内战爆发不久。[28]他当上了战时助理国务卿，在战后被联邦军队监禁了好几个月。[29]出狱后，他重回法律行业，到最高法院代理了好几起案件，其中包括“屠宰场案”[30]。

一些大法官辞职到美国政府工作。1877年，戴维·戴维斯辞职后成为参议员[31]，大法官查尔斯·埃文斯·休斯在1916年辞职后代表共和党人参加了总统竞选。大选失败后，他又获得提名，1930年成为首席大法官[32]。

一些大法官在行政机构任职。詹姆斯·伯恩斯在1942年辞职后成为经济稳定办公室的主任[33]，后来成为杜鲁门政府的国务卿，又当过南卡罗来纳州的州长[34]。大法官亚瑟·戈德伯格1965年辞职后成为美国驻联合国大使[35]。

一些大法官因为个人原因提出辞职。比如，大法官诺亚·斯韦恩1881年辞职，并要求拉瑟福德·海斯总统答应提名自己的朋友斯坦利·马修斯接替空缺的职位。海斯总统兑现了这个承诺。[36]大法官汤姆·C.克拉克1967年提出辞职，是为了避免与儿子拉姆齐·克拉克产生纷争，后者当时被提名为美国司法部部长。[37]我之所以于2006年提出辞职，部分原因是希望多陪陪丈夫约翰，他的身体不太好。

并非所有个人原因都是积极的。如前文提到的，阿贝·福塔斯就因一桩道德丑闻在1969年辞职。[38]《生活》杂志刊登了一篇文章，详细披露了福塔斯大法官与一位被指控犯有诈骗罪的金融家有财务往来。[39]福塔斯作为一个大法官，答应担任这位金融家发起的一个基金会的顾问，并从中收取报酬。[40]事发后，福塔斯归还了佣金，但之后司法部调查发现，这位金融家承诺每年给福塔斯和他妻子各两万美元[41]，直到去世为止。调查结果在最高法院内部公布后，福塔斯大法官在1969年5月14日辞职。[42]

许多大法官退休后从事着各种与司法相关或毫无关联的事情。

谈到非司法活动，有人从事全职工作，有人只是出席特别活动。比如，大法官约翰·H.克拉克1922年辞职后积极投身“美国加入国际联盟和其他和平努力”[43]的行动。大法官欧文·罗伯茨1945年退休后成为宾夕法尼亚大学法学院的院长。[44]

最近，我参加了促进学校开展公民教育方面的课程，把重点放在创建和推进一个网站——www.icivics.org——提供相关游戏和教案来向中学生普及政府的三个分支机构。大法官史蒂文斯2010年6月退休之后也很活跃，他在2011年做了大量演讲，并出版了《五位首席大法官》，描述了与自己共同工作过的最高法院五位首席大法官。

其他大法官，也包括我在内，还承担了其他一些阶段性的政府公职。比如，向到访的外国法官发表演讲、应国务院要求出国会见相关律师和法官等。

还有一些大法官在上诉法院听审或主持联邦地方法院的庭审。1937年关于享有终身待遇的规定出台后，11位退休的大法官获指派去听审。[45]威利斯·范·德凡特是1937年法案出台后第一位享有终身待遇的大法官，他与大法官汤姆·克拉克在联邦地方法院主持过庭审。[46]克拉克主持的一起案件后来还送到了最高法院。“西尔维尼亚诉大陆电视机案”[47]涉及反垄断法。最高法院之前就裁定了一个类似案件[48]，当时大法官克拉克持不同意见。当他在此案中为陪审团下达指令的时候，还是以自己的观点对案件做出了说明。[49]第九巡回法院进行联席审理——也就是全体法官共同审理，而不止限于三人裁判组——他们纠正了克拉克的意见。但最后克拉克还是取得了成功，因为最高法院下达调卷令后，推翻了先前的判决，证明克拉克大法官的认定是正确的。[50]

退休后在下级联邦法院听审，对于那些来最高法院工作之前没有做过联邦法官的大法官们来说，是一件特别有意思的事情。[51]比如，斯坦利·里德之前是首席政府律师，退休后在哥伦比亚特区巡回上诉法院工作，不过就是从最高法院搬到了国会大厦。[52]与之相似，大法官哈罗德·海兹·伯顿之前是国会参议员，1959年至1962年一直在哥伦比亚特区巡回审判辖区工作。[53]

由于我之前在亚利桑那州政府工作，我感到去上诉法院听审非常有意思，这使我对联邦法官的工作和工作量有了更深入的了解。每个法院都有自己的规范和办事风格，我有机会接触到各行各业风格迥异的人。

近期退休的大法官都依照指派参与工作。我的前辈波特·斯图尔特退休后曾在好几个巡回法院工作过。[54]大法官刘易斯·鲍威尔是弗吉尼亚里士满人，按惯例在第四巡回上诉法院听审。拜伦·怀特在20世纪90年代曾先后在多个巡回法院工作过。[55]

写这本书的时候，有两位退休大法官参与此类工作。苏特在位于波士顿的美国第一巡回上诉法院工作，距离他的家乡新罕布什尔很近。我争取每年参与三次听审。迄今为止，在全国13个上诉法院中，我参加过11个上诉法院的听审工作，除了哥伦比亚特区上诉法院和联邦上诉法院之外，这两个地区相较于其他地方上诉法院更为专业。

一位大法官往往很难做出离开最高法院的决定，关于终身待遇的规定给大法官提供了继续为法院和政府服务的机会。大法官刘易斯·鲍威尔对退休法官的心理感受做出了如此概括：“最漫长的日子就是我无事可做的那一天。”[56]这也表达了我的心声。很庆幸在退休后的这些年里，我一直忙碌于其他重要的事情。我在写给乔治·H.W.布什的信中表达了自己崇尚“最高法院的完整性，对其在宪法约束下所承担的角色非常重要”[57]，我是带着这样的心情提出辞职的。

OUT

OF

ORDER

最高法院的诸多“第一次”

在公共演讲中，我被问及最多的问题便是“你是如何成为最高法院第一位女性大法官的”——我称呼自己“FWOTSC”。首字母缩略词在华盛顿很重要，名人基本上都有。我告诉大家，成为“第一位”当然是了不起的事情，但我不想成为最后一位。

我也明白，成为“第一位”是有风险的。最高法院中的第一位女法官要接受来自媒体、政府、律师及公众的严格审视，而成为那么多人关注的焦点并不总是一件愉快的事情。但第一位女性大法官的诞生为全国各地的女性打开了无数机会之门，对此我深感欣慰。如今，能够目睹三位女性在庭审中参与口头辩论并进行发问实在是件令人兴奋的事情，她们是鲁思·巴德·金斯伯格、索尼娅·索托马约尔和埃琳娜·卡根。

四名法官：桑德拉·戴·奥康纳、索尼娅·索托马约尔、鲁思·巴德·金斯伯格和埃琳娜·卡根，大约摄于2010年。

由于做了最高法院的“第一”，我不禁想到了自己的前辈们。尽管我是第一位女性大法官，但在我之前还有诸多“第一”。我把最高法院的重要“第一”进行了归纳，希望深入了解这个机构及其发展历程。

诸多“第一”中的第一当然属于约翰·杰伊，他是美国第一位首席大法官。杰伊1745年出生在纽约的一个富裕家庭[1]，14岁进入国王学院（如今的哥伦比亚大学）[2]，并立志学习法律，毕业后成为一位杰出的律师和辉格党领袖。杰伊积极支持美国独立，在独立战争中处于政治运动的核心。28岁的时候，他成为第一届大陆会议最年轻的成员之一。战争中，他还担任了重要的外交任务，包括出使西班牙。

1784年，杰伊被任命为第一任外交部部长，也就是后来的国务卿。尽管《联邦党人文集》——系列推进宪法的文集——是匿名出版的，但众所周知其作者正是亚历山大·汉密尔顿、詹姆斯·麦迪逊和约翰·杰伊。杰伊对新联邦政府起到了非常重要的作用，据说乔治·华盛顿当选为总统的时候，曾告诉杰伊，他可以自由选择心仪的职位。[3]

你当然知道最后的结局是什么。杰伊选择了最高法院首席大法官的职位，参议院在1789年9月24日予以通过。[4]学者们认为，他之所以选中这个职位，是因为最高法院当时还是一种政治尝试。最高法院对于一个新政府的成败至关重要，在联邦制的运行过程中会起到关键作用。[5]这个职位必须由一位德高望重的人物来担任，由此给这个机构带来合法性和权威性，杰伊恰好符合这个标准。直到今天，他的盛名还是来自政治才能，而非司法见解。

最高法院在建立初期并没有多少工作量，所以杰伊作为总统特使被派往英国，目的主要是清理一些与英国之间的遗留问题，以免留下隐患。美国希望英国能对独立战争期间所攫取的货物和奴隶做出相应赔偿[6]，另外，美国对英国依旧占领自己的一些边防站也很愤慨。英国之前对美国的航运业造成了不小的破坏，阻止美国人与某些英国属地开展贸易，而且扣留了加勒比海区域超过250艘美国船只。[7]

最后，杰伊经过谈判成功地签署了《杰伊条约》。等他返回美国后，才得知朋友们在他出国期间提名他任纽约州州长。而且他成功当选了[8]——没有参加任何竞选活动，也没有筹措任何资金。

1795年，杰伊成为第一位辞职的首席大法官。在他眼中，最高法院永远也不可能具有重要的价值。之后，华盛顿总统提名来自南卡罗来纳州的约翰·拉特利奇接替这个职位——发动了第一场确定最高法院大法官人选的“战争”。[9]麻烦始于拉特利奇获提名的三天前，当时拉特利奇惹恼了联邦党人——后者控制着参议院——因为他公开对《杰伊条约》提出批评。这个条约当时的确不得人心，因为杰伊为美国人民争取到的利益很少，却做出了巨大让步，包括把英属西印度群岛的贸易权也拱手相让。事实上，大部分历史学家都认为，这已经是当时的美国所能达成的最佳条约了，因为国力实在羸弱不堪。参议院也持有相似观点，所以尽管公众怨声载道，还是批准了这个条约。

拉特利奇称这个条约是一个“对自由人的可贵权利的出卖”[10]，甚至说自己宁愿乔治·华盛顿去死，也不会签署《杰伊条约》。[11]这或许是另外一个第一——第一次最高法院大法官的被提名者希望提名自己的人去死。大家希望这是最高法院的“最后一次”。拉特利奇因为自己的言论而饱受攻击，被指责精神出了问题。尽管他已经通过休会任命成为了大法官，但当这个提名提交到参议院时（一旦开庭，还要经过同样程序），拉特利奇被否决了。[12]

第一次提名大战是围绕宪法中任命条款所产生的第一次冲突。根据规定，总统任命联邦法官和最高法院大法官“要经过参议院的建议和赞同”。当然，这里有个重要的法律问题，即

“建议和赞同”的确切含义到底是什么，在审查被提名者的资格和政治条件的时候，参议院的参与度到底有多大。因拉特利奇的提名而引发的冲突之所以重要，部分原因在于当时许多参议员参与了宪法草稿的拟定[13]。

拉特利奇发表了对《杰伊条约》的言论后，舆论抨击他根本不称职而且神志不清。这番言论也是唯一证明他精神错乱的证据。一些消息表明，拉特利奇当时因失去了妻子[14]，精神非常抑郁。但从一些私人信件和参议院的审议意见看出，至少在参议员眼中，虽然他们把拉特利奇的精神问题挂在嘴边，但《杰伊条约》才是他们关注的焦点。[15]

很明显，早期的参议员认为参议院在建议和批准方面享有很大权力。他们认为，根据宪法的这项规定，他们不仅可以否决一位与客观条件不符的被提名者，还能否决一位持极端政治观点的候选人。[16]这种观点在今天似乎依旧流行。

那么可怜的拉特利奇先生身上究竟发生了什么呢？如果他在提名确认前神志清晰，那么此事显然对他影响巨大。在参议院否决了他的提名后的第13天，他曾试图溺亡[17]，但没有成功，多亏几个路过的好心人挽救了他。他们并没有获得拉特利奇的感谢，据说后者抗议道：“我一直担任大法官，清楚地知道没有任何法律能阻止一个人夺去自己的生命。”[18]

大概100年后，最高法院又出现了一系列的“第一”。每位大法官聘用4位法官助理（首席大法官可以聘用5位），他们通常都是成绩出色的法学毕业生，为大法官工作一年，具体包括做研究、写备忘录，有时也会辅助撰写意见书的草稿。

但大法官身边不是总有法官助理帮助处理这些工作的。这个职位是由霍里斯·格雷大法官引入的。格雷非常有天赋——17岁从哈佛法学院毕业，在求学期间就利用案例教学法来学习法律。[19]因此他在其他方面引领潮流也就不足为奇了。1882年，他成为第一位聘用法官助理的大法官。国会没有为这个职位划拨一分钱，因此格雷自己掏腰包支付薪水。他成为马萨诸塞州最高上诉法院的首席法官时，依旧延续这一做法。[20]

几年后，国会开始拨款为每位大法官配备一位助理。[21]但这项制度历经几十年才得以确立。在此之前，大法官们通常聘用当地的律师。1974年，大法官第一次可以聘请4名助理，这一做法延续至今。对于一个华盛顿的庞大官僚机构而言，这个增长速度的确太慢了。

虽然我是最高法院的第一位女性大法官，但我愿意提醒自己，在我之前，有许多女性为之付出了不懈努力。其中一位就是露西尔·洛曼，1944年成为最高法院第一位女性法官助理。她毕业于华盛顿大学法学院，受雇于大法官道格拉斯[22]。第二次世界大战后，法学院数量减少，负责推荐助理的教授们告诉道格拉斯，他们找不到合适的人选。于是，大法官就给其中一位教授回信说，是否有合适的女性可以推荐。于是，他们真的推荐了一位女性，当然这个想法并非他们的初衷。

道格拉斯雇用了洛曼，并称她拥有“清晰的头脑和扎实的法律基础”[23]。但是，在此后的近30年中，他没有再聘用女性助理，直到1972年。[24]其实，直到1966年为止[25]，任何大法官都没有再聘请过女性助理。这些年来，女性雇员的数目缓慢上升，1970年的数字是零，1980年达9%，1990年是24%，2000年达28%。[26]2011年，在39位助理中，女性有13位。这个比例大约是33%，依旧不具代表性，因为就读于法学院的学生中女生已经占到一半以上，但比从前还是有很大进步。

1948年，大法官费利克斯·法兰克福特聘用了第一位非裔美国人做助理。[27]他名叫小威廉·T.科尔曼，曾积极参与

“全国有色人种协进会”的工作，后来在杰拉尔德·福特总统的内阁任职。他以优异的成绩毕业于哈佛法学院，但在家乡费城找不到愿意聘用他的律所。后来他在第三巡回法院找到了一份法官助理的工作，即便有了这样的经历，他依旧无法在费城的律所谋到一份职业。[28]

法兰克福特是一位为法官助理打破人种界限的大法官。但10年后，当哈佛法学院的艾伯特·萨克斯向他推荐鲁思·巴德·金斯伯格的时候，他却不愿打破只招男性助理的传统。其实，鲁思的成绩是哥伦比亚法学院全班第一名。后来，她成为母校第一位女性终身教授，也是第二位受提名的女性大法官。

另外一个与助理有关的“第一”发生在1962年，当时拜伦·怀特被提名为大法官，这是第一位在最高法院做过法官助理的人成为最高法院的大法官。自那之后，这种情况又发生过几次。[29]比如，首席大法官伦奎斯特曾是大法官罗伯特·杰克逊的助理；大法官史蒂文斯曾是大法官威利·拉特利奇的助理；大法官史蒂芬·布雷耶曾是大法官亚瑟·戈德伯格[30]的助理。或许这种趋势的高潮应属约翰·罗伯茨，他接替了曾辅佐过的首席大法官威廉·伦奎斯特的职位，成为首席大法官。

并非所有重要的“第一”都属于大法官和助理。贝尔瓦·洛克伍德是个寡妇，也是一位年轻母亲，内战即将结束时搬到了华盛顿。她是一位律师，依靠自己工作养活家人。1876年，她申请成为最高法院的出庭律师，但遭到了拒绝，理由如下：“根据法庭的惯例，依照目前的组织结构，为保持规则的公平性，只有男性才可以到此从事律师和顾问的工作……本院不会在既定规则下做出任何改变。”[31]

贝尔瓦·洛克伍德的肖像，大约摄于1880。

其他人可能会把这种拒绝当成是排斥，但贝尔瓦·洛克伍德把它当作一个建议。她坚持不懈地去国会游说，希望改变这种规定，最后她成功了。就在最高法院拒绝女性参与的三年后，拉瑟福德·伯查德·海斯总统签署了法令，允许女性在任何一个联邦法院从业。1879年3月3日，贝尔瓦·洛克伍德成为第一位获准在最高法院出庭的女性律师。[32]不久后，她在“恺撒诉斯蒂克尼案”中成为卡洛琳·恺撒的代理人，也是第一位在最高法院出庭辩护的女性。[33]

宗教差异也是最高法院长期存在的一个问题。最初，所有的大法官都是新教徒。1836年，第一个得到提名的天主教徒来到最高法院工作——他就是首席大法官罗杰·布鲁克·托尼。历史学家没有找到证据可以证明托尼的天主教背景是他获得安德鲁·杰克逊总统提名的一个因素。杰克逊最为看重的是托尼对自己的忠诚。尽管媒体对托尼的天主教背景存在非议，但大部分持反对意见的人更介意托尼对杰克逊的忠诚，而非信仰问题。[34]第二位得到提名的天主教徒是在60年后，但自那时起，最高法院至少有一位信仰天主教的大法官。[35]而今天，一共有6位，这又是创历史纪录的数字。

直到1916年，最高法院才有了它的第一位犹太裔大法官路易斯·布兰代斯。反犹太主义的确成为当时美国政坛的一股风潮，但反对布兰代斯究竟是何原因引得众说纷纭。布兰代斯以“人民律师”闻名，对大财团持强烈的批评态度，并竭力主张国会通过社会经济立法，这在当时是个争执不休的话题。确认布兰代斯提名的听证会冗长而激烈，他本人没有参加。因为按照惯例，被提名人不能参加自己的确认听证会，直到23年后，费利克斯·法兰克福特才改变了这个习俗。[36]

路易斯·布兰代斯

法兰克福特离开最高法院几年后，最高法院接纳了第一位非裔美国大法官——杰出的瑟古德·马歇尔。大法官马歇尔来法院工作之前就是一位重量级人物，因为他曾参与过像“布朗诉教育委员会案”这样的诉讼案，为这个国家终结了法律方面的种族隔离。因其具备的独特视角，他对最高法院造成了深远的影响。他以律师的目光发现种种社会伤痛，然后借助于法律的力量加以治疗。他把自己目睹的一切，把他所认知的这个世界，都带入法庭辩论和会议室。正如法兰克福特曾写下的那样，最高法院“不应蒙昧无知，正如大法官不应等同于常人”[37]。对此马歇尔非常认同。

有一次，我曾问马歇尔，目睹了不公平之后，该如何避免灰心丧气？他没有直接回答，而是给我讲述了一件事。当时他和他的导师，霍华德大学法学院的副院长查尔斯·汉密尔顿·休斯顿，一同去弗吉尼亚州的劳登县帮助一个被判终身监禁的人。乔治·克劳福德被起诉谋杀了弗吉尼亚一个殷实白人家庭的女子和她的佣人，而大陪审团由清一色的白人组成。尽管他们对大陪审团的人员组成提出了抗议，但克劳福德还是被判终身监禁。大法官马歇尔说：“你知道，一个黑人杀了一个白人妇女只能被判终身监禁，这是有问题的。”

大法官马歇尔说，案件宣判后，媒体曾问他，克劳福德是否会因陪审团中没有非裔美国人而提起上诉。“克劳福德问道：‘休斯顿先生，这次我获得终身监禁，如果我再经历一次审判，他们是否会判我死刑呢？’休斯顿给出肯定答复。于是克劳福德说：‘告诉他们，被告放弃了。’”

“我对此案的感觉一直很复杂。”马歇尔大法官说，“我认为那家伙没有获得公正的对待，但是你能做什么呢？”他问道。“人生只有两种选择：停止或继续。你告诉我，你将怎么选？”瑟古德教会我们，你要继续，但你不能忘记。你必须从经历中获得教训，然后把它带入你的法律实践和大法官的工作中去。我们将永远感谢这个案件所带来的启示。

还有一个最高法院的“第一”发生在1962年，拜伦·怀特接受提名来到最高法院。他曾在全国橄榄球联盟新秀赛季拔得头筹，这是最高法院大法官中的独一份。而且我敢断言，他也是最后一个。怀特曾是一名杰出的运动员，同时肩负着另外一个重要的“第一”——他是第一位在“国家最高球场”打过篮球的大法官，当然就是我在上文提到的最高法院法庭顶上的篮球场。

首席大法官伦奎斯特（左二）和奥康纳（右二）、布伦南（左一）、怀特（右一）三位大法官，摄于费城独立宫前。

但怀特却不是第一位曾做过专业运动员的大法官。这份荣誉属于聘用怀特做助理的大法官：首席大法官弗雷德·文森曾是一位优秀的棒球运动员。他曾说——当然是半开玩笑地说——他之所以没有积极参与重要夫人联盟比赛，是因为无法与裁判和谐相处。[38]或许他是遵循了下列谚语才成为首席大法官的——“如果你无法打败他们，请加入他们”。不管怎样，文森的确参加过联盟的选拔，尽管他很长时间以来都只字不提——无论是因为他选拔失败，还是因为他母亲不赞成其参加职业棒球赛，我们永远不得而知。[39]

尽管文森从未实现去职业棒球联盟的梦想，却参加了半职业的比赛——大学期间，他曾受雇于一些小的联赛球队，一场比赛能赚25美元（一天参加两场就赚50美元）。即便成为律师后，他的棒球技术也是得心应手。[40]刚刚从事律师的前几年，每当业务不繁忙的时候，他就兼职做棒球手赚些外快。刚入行的律师们应该从首席大法官文森身上学会一点：变化，变化，变化。

我们可以从最高法院的诸多“第一”中收获许多。我很荣幸成为这诸多“第一”中的一分子。

附 录

美利坚合众国独立宣言

这部分内容包含《美国宪法》，因为最高法院的所有故事都与宪法密切相关。正如伟大的首席大法官约翰 · 马歇尔所言：“我们阐释的内容就是宪法，永远都不能忘记这一点。”我在随身的皮包里总会携带一份，以供随时查阅。在这里，我还附上了《独立宣言》的内容，因为我们需要铭记，制宪者们的初衷便是为了拒绝独裁政府，通过立宪民主制，来确保人民的生命和自由安全，确保人民获得幸福，这个理念一直持续到今天。最高法院的工作人员们正是践行了这些文献所蕴含的宝贵财富，不仅如此，这些财富也铸成了所有美国人民生活的根基。

1776年7月4日，美利坚合众国十三州议会一致通过的宣言

在人类历史发展的过程中，当一个民族必须解除同另一个民族的联系，并按照自然法则和上帝的旨意，以独立、平等的身份立于世界列国之林时，出于对人类舆论的尊重，必须把驱使他们独立的原因予以宣布。

我们认为下述真理是不言而喻的：人人生而平等，造物主赋予他们若干不可让与的权利，其中包括生存权、自由权和追求幸福的权利。为了保障这些权利，人们才在他们中间建立政府，而政府的正当权力，则是经被统治者同意授予的。任何形式的政府一旦对这些目标的实现起破坏作用，人民便有权予以更换或废除，以建立一个新的政府。新政府所依据的原则和组织其权力的方式，一定要使人民认为唯有这样才最有可能使他们获得安全和幸福。若真要审慎地来说，成立多年的政府是不应当由于无关紧要和一时的原因而予以更换的。过去的一切经验都说明，任何苦难，只要尚能忍受，人类还是情愿忍受，也不想为申冤而废除他们已习惯了的政府形式。然而，当始终追求同

一目标的一系列滥用职权和强取豪夺的行为表明政府企图把人民置于专制暴政之下时，人民就有权利也有义务去推翻这样的政府，并为其未来的安全提供新的保障。这就是这些殖民地过去忍受苦难的经过，也是他们现在不得不改变政府制度的原因。当今大不列颠王国的历史，就是屡屡伤害和掠夺这些殖民地的历史，其直接目标就是要在各州之上建立一个独裁暴政。为了证明上述句句属实，现将事实公诸于世，让世人做出公正的评判。

他拒绝批准对公众利益最有益、最必需的法律。

他禁止其殖民总督批准刻不容缓、极端重要的法律，要不就先行搁置这些法律直至征得他的同意，而这些法律被搁置以后，他又完全置之不理。

他拒绝批准便利广大地区人民的其他法律，除非这些地区的人民情愿放弃自己在立法机构中的代表权，而代表权对人民是无比珍贵的，只有暴君才畏惧它。

他把各州的立法委员召集到一个异乎寻常、极不舒适而又远离其档案库的地方去开会，目的无非是使他们疲惫不堪被迫就范。

他一再解散各州的众议院，因为后者坚决反对他侵犯人民的权利。

他在解散众议院之后，又长期拒绝另选他人，于是这项不可剥夺的立法权便归由普通人民来行使，致使这期间各州仍处于外敌入侵和内部骚乱的种种危险之中。

他阻止各州增加人口，为此他阻挠《外国人入籍法》的通过，拒绝批准其他鼓励移民的法律，并提高分配新土地的条件。

他拒绝批准实现司法权利的法律，以阻挠司法的执行。

他迫使法官为了保住任期、薪金的数额及支付而被置于个人意志的支配之下。

他滥设新官署，委派大批官员骚扰我们的人民，吞噬财物。

他在和平时期，未经立法机构同意，就设立常备军。

他施加影响，使军队独立于文官政权之外，并凌驾于文官政权之上。

他同他人勾结，把我们置于一种既不符合我们的法规也未经我们法律承认的管辖之下，还批准他们炮制的各种伪法案，以便任其在我们中间驻扎大批武装部队；不论这些人对各州居民犯下何等严重的谋杀罪，他可用审判来庇护他们，让他们逍遥法外；他可以切断我们同世界各地的贸易；未经我们同意便向我们强行征税；在许多案件中剥夺我们享有陪审制的权益；以莫须有的罪名把我们押送海外受审；他在一个邻省废除了英国法律的自由制度，在那里建立专制政府，扩大其疆域，使其立即成为一个样板和合适的工具，以便向这里的各殖民地推行同样的专制统治；他取消我们的许多特许状，废除我们最珍贵的法律并从根本上改变各州政府的形式；他终止我们的立法机构行使权力，宣称其拥有在任何情况下为我们制定法律的权力。

他放弃设在这里的政府，宣称我们已不属于其保护之列，并向我们发动战争。

他在我们的海域里大肆掠夺，蹂躏我们的沿海地区，烧毁我们的城镇，残害我们人民的生命。

他此时正在运送大批外国雇佣兵，来从事其制造死亡、荒凉及暴政的勾当，其残忍与卑劣从一开始就连最野蛮时代的君主也难以相比，他已完全不配当一个文明国家的元首。

他强迫我们在公海被他们俘虏的同胞拿起武器反对自己的国家，使他们成为残杀亲友的刽子手，或使他们死于亲友的手下。

他在我们中间煽动内乱，并竭力挑唆残酷无情的印第安人来对付我们边疆的居民。而众所周知，印第安人作战的准则是不分男女老幼、是非曲直，格杀勿论。

在遭受这些压迫的每一阶段，我们都曾以最谦卑的言辞吁请其予以纠正。而我们一次又一次的请愿，却只是被报以一次又一次的伤害。

一个君主，其品格被他的每一个只有暴君才干得出的行为所暴露时，就不配君临自由的人民。

我们并不是没有想到我们英国的弟兄。他们的立法机关想把无理的管辖权扩展到我们这里来，我们时常把这个企图向他们说明。我们也曾把移民来这里和在这里定居的情况告诉他们。我们曾恳求他们天生的正义感和雅量，念在同种同宗的分上，弃绝这些掠夺行为，因为这些掠夺行为难免会使我们之间的关系和来往中断。可他们对这种正义和同宗的呼声也同样充耳不闻。因此，我们不得不宣布脱离他们，以对待世界上其他民族的态度对待他们：同我交战者，就是敌人；同我和好者，即为朋友。

因此我们这些在大陆会议上集会的美利坚合众国的代表们，以各殖民地善良人民的名义，并经他们授权，向世界最高裁判者申诉，说明我们的郑重意向，同时郑重宣布：

我们这些联合起来的殖民地现在是，而且按公理也应该是独立自由的国家；我们对英国王室效忠的全部义务，我们与大不列颠王国之间一切政治联系全部断绝，而且必须断绝。

作为一个独立自由的国家，我们完全有权宣战、缔和、结盟、通商及采取独立国家有权采取的一切行动。

我们坚定地信赖神明上帝的保佑，同时以我们的生命、财产及神圣的名誉彼此宣誓来支持这一宣言。

参考文献

前　言

[1] Richard Beeman, *Plain, Honest Men: The Making of the American Constitution* (New York: Random House, 2009), p. 106.

[2] Jesse Lee, "The President's Remarks on Justice Souter," (2009), available at http://www.whitehouse.gov/blog/09/05/01/The-Presidents-Remarks-on-Justice-Souter.

[3] Gerhard Casper and Richard A. Posner, *The Workload of the Supreme Court* (Chicago: American Bar Foundation, 1976), p. 16.

[4] Stephen M. Shapiro, "Oral Argument in the Supreme Court: The Felt Necessities of the Time," in *Yearbook of the Supreme Court History Society 1985*, p. 22.

[5] Charles Warren, *The Supreme Court in United States History,* vol. 1 (Boston: Little, Brown, 1923), p. 471.

[6] Shapiro, "Oral Argument in the Supreme Court," pp. 23, 29.

作用凸显

总统与最高法院的历史交叉点

[1] Thomas Jefferson to William Johnson, June 12, 1823, available at http://www.let.rug.nl/usa/P/tj3/writings/brf/jefl272.htm.

[2] Thomas Jefferson to John Tyler, May 26, 1810, available at http://www.let .rug.nl/usa/P/tj3/writings/brf/jefl205.htm.

[3] Thomas Jefferson to Thomas Ritchie, Dec. 25, 1820, available at http://www.let.rug.nl/usa/P/tj3/writings/brf/jefl263.htm.

[4] Joseph J. Ellis, *American Sphinx: The Character of Thomas Jefferson* (New York: Knopf, 1997), p. 176.

[5] Ibid., p. 175.

[6] *Marbury v. Madison*, 1 Cranch 137, 177, 180 (1803).

[7] *Ex parte Merryman*, 17 F. Cas. 144, 153 (C.C.D. Md. 1861).

[8] Abraham Lincoln, "Message to Congress in Special Session" (1861), in *Abraham Lincoln: Speeches and Writings, 1859–1865* (New York: Library of America, 1989), p. 253.

[9] Abraham Lincoln, "Speech at Edwardsville," Sept. 11, 1854, in *The Collected Works of Abraham Lincoln: 1858–1860,* Vol. 3 (New Brunswick, NJ: Rutgers University Press, 1953), p. 91.

[10] *Youngstown Sheet & Tube v. Sawyer*, 343 U.S. 579 (1952).

[11] Ken Gormley, "Foreword: President Truman and the Steel Seizure Case: A Symposium," *Duquesne Law Review* 41 (2003), pp. 675–676.

[12] Id. at 676.

[13] *Hamdi v. Rumsfeld*, 542 U.S. 507, 532 (2004).

[14] Id. at 536.

[15] Ibid.

[16] *Hamdan v. Rumsfeld*, 548 U.S. 557, 630 (2006).

[17] *Boumediene v. Bush*, 553 U.S. 723, 798 (2008).

使命在召唤

司法任命

[1] *Marbury v. Madison*, 1 Cranch 137 (1803).

[2] *McCulloch v. Maryland*, 4 Wheat. 316 (1819).

[3] R. Kent Newmyer, "A Note on the Whig Politics of Justice Joseph Story," *Mississippi Valley Historical Review* 48 (1961), p. 482.

[4] Thomas Jefferson to Thomas Ritchie, Dec. 25, 1820, available at http://www.let.rug.nl/usa/P/tj3/writings/brf/jefl263.htm.

[5] *Dred Scott v. Sanford*, 19 How. 393 (1857).

[6] *Selections from the Correspondence of Theodore Roosevelt and Henry Cabot Lodge: 1884–1918* (New York: Charles Scribner's Sons, 1925), p. 519.

[7] Charles P. Curtis, *Lions Under the Throne* (Boston: Houghton Mifflin,

1947), p. 281.

[8] Alpheus Thomas Mason, *William Howard Taft, Chief Justice* (New York: Simon & Schuster, 1965), p. 39.

[9] *Palko v. Connecticut*, 302 U.S. 319 (1937).

[10] *West Coast Hotel v. Parrish*, 300 U.S. 379 (1937).

[11] *Brown v. Board of Education*, 347 U.S. 483 (1954).

[12] *Reynolds v. Simms*, 377 U.S. 533 (1964).

[13] *Miranda v. Arizona*, 384 U.S. 436 (1966).

[14] Henry J. Abraham, *Justices and Presidents: A Political History of Appointments to the Supreme Court* (New York: Oxford University Press, 1985), p. 263.

[15] Juan Williams, *Thurgood Marshall: American Revolutionary* (New York: Times Books, 1998), p. 12.

[16] *Brown v. Board of Education*, 347 U.S. 483 (1954).

[17] Keith E. Whittington, "Presidents, Senates, and Failed Supreme Court Nominations," *Supreme Court Review 2006*, p. 438.

房子与家

通往第一街的路途

[1] Robert P. Reeder, "The First Homes of the Supreme Court of the United States," *Proceedings of the American Philosophical Society* 76 (1936), pp.

545–546.

[2] Id. at 548.

[3] Leon Friedman and Fred L. Israel, *The Justices of the United States Supreme Court: Their Lives and Major Opinions,* vol. 1 (New York: Chelsea House, 1997), p. 42.

[4] Reeder, "The First Homes of the Supreme Court," p. 550.

[5] Friedman and Israel, *The Justices,* vol. 1, p. 42.

[6] Residence Act of 1790, §§ 1, 5, 6, 1 Stat. 130.

[7] Reeder, "The First Homes of the Supreme Court," p. 552.

[8] Id. at 575–576.

[9] Id. at 577.

[10] Id. at 583.

[11] Geoffrey Blodgett, "Cass Gilbert, Architect: Conservative at Bay," *Journal of American History* 72 (1985), p. 631.

[12] Id. at 618.

[13] Arthur Cotton Moore, "A New National Mall for the 21st Century," *Washingtonian,* July 2006.

[14] Herbert C. Plummer, "A Washington Daybook," *Evening Independent* (Massillon, Ohio), Feb. 2, 1929.

[15] Cass Gilbert Jr., "The United States Supreme Court Building," *Architecture* 72 (1935), p. 301.

[16] Jan Crawford Greenburg, *Supreme Conflict: The Inside Story of the*

Struggle for Control of the United States Supreme Court (New York: Penguin, 2007), p. 210.

[17] Blodgett, “Cass Gilbert, Architect,” p. 633.

[18] Gilbert Jr., “The United States Supreme Court Building,” p. 302.

[19] Ibid.

[20] Blodgett, “Cass Gilbert, Architect,” p. 632.

[21] Charles E. Hughes, “An Imperishable Ideal of Liberty Under Law,” available at http://c0403731.cdn.cloudfiles.rackspacecloud.com/collection/papers/1930/1932_1013_LibertyHughesT.pdf.

[22] Gilbert Jr., “The United States Supreme Court Building,” p. 303.

[23] Blodgett, “Cass Gilbert, Architect,” p. 634.

[24] Id. at 634 n.44.

[25] Ibid.

[26] *Proceedings in Commemoration of the 50th Anniversary of the Opening of the Supreme Court Building*, 474 U.S. v–xxi (Oct. 7, 1985).

[27] “Statement Concerning the Supreme Court’s Front Entrance, Memorandum of Justice Breyer,” *Journal of the Supreme Court of the United States: October Term 2009*, available at http://www.supremecourt.gov/orders/journal/jnl09.pdf, pp. 831–832.

卑微的起点

美国最高法院的第一个10年

[1] U.S. Const. art. III, §1.

[2] Judiciary Act of 1789 §1, 1 Stat. 73.

[3] Friedman and Israel, *The Justices,* vol. 1, p. 10.

[4] Id. at 42.

[5] Id. at 65.

[6] Id. at 111.

[7] Ibid.

[8] United States Senate, “Supreme Court Nominations, 1789–Present,” available at http://www.senate.gov/pagelayout/reference/nominations/reverseNominations.htm.

[9] Friedman and Israel, *The Justices,* vol. 1, p. 127.

[10] Id. at 128.

[11] Judiciary Act of 1789, 1 Stat. 73.

[12] Friedman and Israel, *The Justices,* vol. 1, pp. 32, 42.

[13] Id. at 18.

[14] Id. at 44–45.

[15] Id. at 43.

[16] Id. at 45; see also *Independent Chronicle* (Boston), Aug. 13, 1795, in

Maeva Marcus and James R. Perry, eds., *The Documentary History of the Supreme Court of the United States, 1789–1800,* vol. 2 (New York: Columbia University Press, 1985), p. 780.

[17] Friedman and Israel, *The Justices,* vol. 1, p. 46.

[18] Id. at 46.

[19] United States Senate, "Supreme Court Nominations, 1789–Present," available at http://www.senate.gov/pagelayout/reference/nominations/reverseNominations.htm.

[20] Ibid.

[21] Friedman and Israel, *The Justices,* vol. 1, p. 66.

[22] Id. at 230.

[23] Id. at 233.

[24] Id. at 19–20.

[25] Marcus and Perry, *The Documentary History of the Supreme Court,* vol. 1, p. 162.

[26] Ibid.

[27] Gerald T. Dunne, "Early Court Reporters," in *Yearbook of the Supreme Court History Society 1976*, pp. 61, 62.

[28] Id. at 62.

[29] Id. at 63.

[30] Id. at 62–63.

[31] Id. at 63.

[32] Sandra Day O'Connor, *The Majesty of the Law: Reflections of a Supreme Court Justice* (New York: Random House, 2003), p. 26.

[33] Ibid.

[34] Dunne, "Early Court Reporters," p. 63.

[35] Id. at 64.

[36] Id. at 61.

[37] *Worcester v. Georgia*, 31 U.S. (6 Pet.) 515 (1832).

[38] *See* "Worcester v. Georgia (1832)," in *The New Georgia Encyclopedia*, available at http://www.newgeorgiaencyclopedia.org/nge/Article .jsp?id=h-2720.

[39] George Washington to William Cushing, September 30, 1789, in Marcus and Perry, eds., *The Documentary History of the Supreme Court,* vol. 1, p. 29.

巡回法官

巡回审判

[1] James Iredell to Timothy Pickering, June 16, 1798, in Marcus and Perry, eds. *The Documentary History of the Supreme Court,* vol. 3, p. 278 (emphasis added).

[2] William Paterson, "Notes for Remarks on Judiciary Bill" and "Notes on Judiciary Bill Debate," June 23, 1789, in Marcus and Perry, eds., *The Documentary History of the Supreme Court,* vol. 4, pp. 410–417.

[3] William H. Rehnquist, *Grand Inquests: The Historic Impeachments of Justice Samuel Chase and President Andrew Johnson* (New York: Morrow,

1992), pp. 52, 92–93, 104.

[4] James Iredell to Hannah Iredell, Sept. 19, 1791, in Marcus and Perry, eds., *The Documentary History of the Supreme Court,* vol. 2, p. 210.

[5] James Iredell to Hannah Iredell, Nov. 11, 1791, in ibid., p. 229.

[6] James Iredell to Hannah Iredell, April 27, 1792, in ibid., p. 272.

[7] James Iredell to Hannah Iredell, April 10, 1798, in Marcus and Perry, ed., *The Documentary History of the Supreme Court,* vol. 3, p. 245.

[8] Thomas Johnson to George Washington, Jan. 16, 1798, in Marcus and Perry, eds., *The Documentary History of the Supreme Court,* vol. 2, p. 344.

[9] *Stuart v. Laird*, 1 Cranch 299 (1803).

[10] Rehnquist, *Grand Inquests*, pp. 92–93.

[11] Id. at 93.

[12] Id. at 104.

[13] R. Kent Newmyer, "Justice Joseph Story on Circuit and a Neglected Phase of American Legal History," *American Journal of Legal History* 14 (1970), p. 126 (quoting Joseph Story to Joseph Hopkinson, Feb. 16, 1840).

[14] Joshua Glick, "On the Road: The Supreme Court and the History of Circuit Riding," *Cardozo Law Review* 24 (2003), p. 1806; see also Felix Frankfurter and James M. Landis, *The Business of the Supreme Court* (New York: Macmillan, 1928), p. 49.

[15] Glick, "On The Road," p. 1799 (quoting 33 *Annals of Cong.* 126, 1819).

[16] Id. at 1799 n.338 (quoting 33 *Annals of Cong.* 131–132, 1819).

[17] Id. at 1808–1809 (quoting *Cong. Globe Appendix,* 30th Cong., 1st Sess. 642–643, 1848).

[18] Id. at 1809 (quoting *Cong. Globe,* 30th Cong., 1st Sess. 596, 1848).

[19] Erwin N. Griswold, "The Supreme Court, 1959 Term, Forward: Of Time and Attitudes—Professor Hart and Judge Arnold," *Harvard Law Review* 74 (1960), p. 81.

[20] See, e.g., John O. McGinnis, "Justice Without Justices," *Constitutional Commentary* 16 (1999), p. 543.

[21] See statements by Akhil Amar in Federalist Society, "Relimiting Federal Judicial Power: Should Congress Play a Role?," *Journal of Law & Policy* 13 (1997), pp. 643–644.

[22] See McGinnis, "Justice Without Justices," pp. 541–543.

最高法院

不断变化的司法权

[1] Joan Biskupic, *Sandra Day O'Connor: How the First Woman on the Supreme Court Became Its Most Influential Justice* (New York: Harper Perennial, 2006), p. 104.

[2] "Statistics as of July 2, 1982," *Journal of the Supreme Court of the United States: October Term 1981.*

[3] Eugene Gressman, Kenneth S. Gellar, Stephen M. Shapiro, Timothy S.

Bishop, and Edward A. Hartnett, *Supreme Court Practice,* 9th ed. (Arlington, VA: BNA, 2007), p. 72.

[4] Id. at 73.

[5] Ibid.; see also Judiciary Act of 1789, 1 Stat. 73.

[6] Bennett Boskey and Eugene Gressman, "The Supreme Court Bids Farewell to Mandatory Appeals," *Federal Rules of Decision* 121 (1988), pp. 81–82.

[7] Edward A. Hartnett, "Questioning Certiorari: Some Reflections Seventy-Five Years After the Judges' Bill," *Columbia Law Review* 100 (2000), p. 1650.

[8] Frankfurter and Landis, *The Business of the Supreme Court*, p. 257.

[9] Act of March 3, 1891, 26 Stat. 826.

[10] Gressman et al., *Supreme Court Practice*, p. 75.

[11] William H. Rehnquist, *The Supreme Court* (New York: Knopf, 2001), pp. 236–238.

[12] William H. Taft, "The Attacks on the Courts and Legal Procedure," *Kentucky Law Review* 5 (1916), p. 18.

[13] Byron R. White, "Challenges for the U.S. Supreme Court and the Bar," *Antitrust Law Journal* 51 (1982), p. 282.

[14] Hartnett, "Questioning Certiorari," p. 1662.

[15] Id. at 1663.

[16] Id. at 1648–1697.

[17] Id. at 1643.

[18] Rehnquist, *The Supreme Court*, pp. 236–237.

[19] Judicial Improvements And Access To Justice Act, Pub. L. No. 100–702, 102 Stat. 4642 (1988).

[20] Boskey and Gressman, "Farewell To Mandatory Appeals," p. 81.

[21] *Dick v. New York Life Ins. Co.*, 359 U.S. 437, 449 & n.10 (1959) (Frankfurter, J., dissenting).

[22] Supreme Court Rule 10.

[23] Id.

[24] Lee Epstein et al., *The Supreme Court Compendium: Data, Decisions, and Developments* (Washington, DC: CQ Press, 2007), Table 2–2.

[25] Gressman et al., *Supreme Court Practice*, p. 58.

珍贵的言语

出庭辩护

[1] William H. Rehnquist, "Oral Advocacy," *South Texas Law Review* 27 (1987), p. 289.

[2] Shapiro, "Oral Argument in the Supreme Court," p. 23.

[3] Ibid.

[4] *Chisholm v. Georgia*, 2 U.S. (2 Dall.) 419 (1793).

[5] Robert M. Ireland, *The Legal Career of William Pinkney: 1764–1822* (New York: Garland, 1986), p. 54.

[6] *Schooner Exchange v. McFaddon*, 7 Cranch 116 (1812).

[7] Id. at 136.

[8] Ibid.

[9] *Republic of Austria v. Altman*, 541 U.S. 677, 688–689 (2004).

[10] *Schooner Exchange*, 7 Cranch at 146.

[11] Robert Vincent Remini, *Daniel Webster: The Man and His Time* (New York: Norton, 1997), pp. 193–194.

[12] Seth P. Waxman, "In the Shadow of Daniel Webster: Arguing Appeals in the Twenty-First Century," *Journal of Appellate Practice & Process* 3 (2001), p. 523.

[13] Shapiro, "Oral Argument in the Supreme Court," p. 24.

[14] *McCulloch v. Maryland*, 17 U.S. 316 (1819).

[15] *Gibbons v. Ogden*, 22 U.S. 1 (1824).

[16] *Dartmouth College v. Woodward*, 17 U. S. 518 (1819).

[17] H. H. Walker Lewis, *Speak for Yourself, Daniel: A Life of Webster in His Own Words* (Boston: Houghton Mifflin, 1969), p. 62.

[18] Kevin T. McGuire, *The Supreme Court Bar: Legal Elites in the Washington Community* (Charlottesville: University Press of Virginia, 1993), p. 15.

[19] Lewis, *Speak for Yourself, Daniel*, p. 67.

[20] Ibid.

[21] Quoted in Everett Pepperrell Wheeler, *Daniel Webster: The Expounder of the Constitution* (New York: G. P. Putnam's Sons, 1905), pp. 29–30.

[22] Id. at 31.

[23] Lawrence Meir Friedman, *A History of American Law* (New York: Simon & Schuster, 1973), p. 273.

[24] Warren, *The Supreme Court in United States History,* vol. 1, p. 471.

[25] Quoted in Id. at 473.

[26] Shapiro, "Oral Argument in the Supreme Court," p. 23.

[27] Ibid.

[28] Quoted in G. Edward White and Gerald Gunther, *The Marshall Court and Cultural Change, 1815–1835* (New York: Oxford University Press, 1991), p. 182.

[29] The Rules and Orders of the Supreme Court of the United States No. 53 (Dec. Term 1848); Revised Rules of the Supreme Court of the United States No. 26 (1925); Rules of the Supreme Court of the United States No. 44 (1970).

[30] Shapiro, "Oral Argument in the Supreme Court," pp. 25, 28.

[31] A. H. Garland, *Experience in the Supreme Court of the United States* (Washington, DC: J. Byrne, 1898), p. 5.

[32] Id. at 7.

[33] A. F. House, "Mr. Justice Field and Attorney General Garland," *Arkansas Law Review* 3 (1949), p. 270.

[34] Garland, *Experience in the Supreme Court*, p. 51.

[35] Id. at 52.

[36] Supreme Court Rule 33(g).

[37] Robert H. Jackson, "Advocacy Before the United States Supreme Court," *Cornell Law Quarterly* 37 (1951), p. 2.

[38] Guide for Counsel in Cases to be Argued Before the Supreme Court of the United States (Oct. Term 2006), p. 10.

[39] Ruth Bader Ginsburg, "Workways of the Supreme Court," *Thomas Jefferson Law Review* 25 (2003), p. 523.

[40] William H. Harbaugh, *Lawyer's Lawyer: The Life of John W. Davis* (New York: Oxford University Press, 1973), p. 101.

[41] Ibid.

[42] Williams, *Thurgood Marshall*, p. 214.

[43] Harbaugh, *Lawyer's Lawyer*, p. 50.

[44] Id. at 503.

[45] Mark Tushnet, "Lawyer Thurgood Marshall," *Stanford Law Review 44* (1992), p. 1285.

[46] Ibid.

[47] Richard Kluger, *Simple Justice* (New York: Knopf, 1975), p. 672.

[48] *New York Statesman*, Feb. 7, 1824, quoted in Warren, *The Supreme Court in United States History,* vol. 1, p. 467.

[49] John W. Davis, "The Argument of An Appeal," *American Bar Association Journal* 26 (1940), p. 895.

[50] Id. at 897.

[51] E. Barrett Prettyman Jr., "The Supreme Court's Use of Hypothetical

Questions at Oral Argument," *Catholic University Law Review* 33 (1984), p. 555.

[52] Ginsburg, "Workways of the Supreme Court," p. 524.

[53] William O. Douglas, *The Court Years, 1939–1975: The Autobiography of William O. Douglas* (New York: Random House, 1980), p. 181.

[54] Charles Henry Butler, *A Century at the Bar of the Supreme Court of the United States* (New York: G. P. Putnam's Sons, 1942), pp. 86–87.

[55] "Proceedings in Honor of Mr. Justice Brennan," *Harvard Law School Occasional Pamphlet No. 9* (1967), pp. 22–23.

[56] John G. Roberts Jr., "Oral Advocacy and the Re-emergence of a Supreme Court Bar," *Journal of Supreme Court History* 30 (2005), p. 70.

最高法院的习俗与传统

[1] 5 U.S.C. § 3331.

[2] *See* U.S. Const. art. II, § 1 ("Before he enter on the execution of his office, he shall take the following oath or affirmation:—'I do solemnly swear (or affirm) that I will faithfully execute the office of President of the United States, and will to the best of my ability, preserve, protect and defend the Constitution of the United States.' ").

[3] 28 U.S.C. § 453; see also 1 Stat. 76.

[4] 28 U. S. C. § 456.

[5] Office of the Curator, Supreme Court of the United States, "Oaths of Office Taken by the Chief Justices" (2010), available at http://www.supremecourt.gov/about/oath/oathsofthechiefjustices2010.pdf.

[6] Office of the Curator, Supreme Court of the United States, "Supreme Court Oath Taking Procedures" (2009), available at http://www. supremecourt.gov/about/oath/oathsproceduresinfosheet2009.pdf.

[7] Ibid.

[8] Ibid.

[9] Ibid.

[10] Ibid.

[11] Ibid.

[12] Ibid.

[13] Office of the Curator, Supreme Court of the United States, "Oaths of Office Taken by the Current Court" (2010), available at http://www.supremecourt.gov/about/oath/Oaths_of_the_Current_Court_10–1-2010.pdf.

[14] Tony Mauro, "Change of Venue," *Legal Times*, at 4 (March 2, 2009).

[15] Office of the Curator, "Oaths of the Chief Justices," p. 2.

[16] Joan Biskupic, "Breyer Takes Court Oath at Chief Justice's Cottage," *Washington Post,* Aug. 4, 1994.

[17] Ruth Marcus, "Rehnquist, Scalia Take Their Oaths," *Washington Post,* Sept. 27, 1986.

[18] Office of the Curator, "Oaths of the Current Court," p. 2.

[19] Ibid.

[20] Office of the Curator, Supreme Court of the United States, "Supreme Court Oath Firsts and Other Trivia" (2009), available at http://www.supremecourt.gov/about/oath/supremecourtoathfi rstsandtrivia2009.pdf.

[21] Brian Lamb, Susan Swain, and Mark Farkas, *The Supreme Court: A C- SPAN Book Featuring the Justices in Their Own Words* (New York: PublicAffairs, 2010), p. 167.

法庭趣事

[1] Oliver Wendell Holmes, *Collected Legal Papers* (New York: Harcourt, Brace, 1920), p. 292.

[2] Jay D. Wexler, "Laugh Track," *Green Bag 2d,* 9 (2005), p. 60.

[3] Ibid.

[4] Adam Liptak, "So, Guy Walks Up to the Bar, and Scalia Says . . . ," *New York Times,* Dec. 31, 2005.

[5] Lamb, Swain, and Parkas, *The Supreme Court*, pp. 114–115.

[6] Ryan A. Malphurs, "'People Did Sometimes Stick Things in my Underwear': The Function of Laughter at the U.S. Supreme Court," *Communication Law Review* 10 (2010), p. 48.

[7] Adam Liptak, "Study Analyzes Laughs at Supreme Court," *New York*

Times, Jan. 24, 2011.

[8] Ibid.

[9] Malphurs, "The Function of Laughter at the U.S. Supreme Court," p. 48.

[10] Id. at 65.

[11] Clare Cushman, *Courtwatchers: Eyewitness Accounts in Supreme Court History* (Lanham, MD: Rowman and Littlefield, 2011), pp. 16–17.

[12] John Q. Barrett, "A Rehnquist Ode on the Vinson Court," *Green Bag 2d,* 11 (2008), p. 292.

[13] Id. at 291.

[14] Id. at 301.

[15] Id. at 293 and n.17.

[16] Glen Elsasser, "Supreme Ironies," *Chicago Tribune,* July 11, 1993.

[17] Ibid.

[18] Barrett, "A Rehnquist Ode," p. 292.

[19] Elsasser, "Supreme Ironies."

传奇大法官

[1] Paul Kens, *Justice Stephen Field: Shaping Liberty from the Gold Rush to the Gilded Age* (Lawrence: University Press of Kansas, 1997), pp. 29–30.

[2] *Munn v. Illinois*, 94 U.S. 113, 152 (1876) (Field, J., dissenting).

[3] Ibid.

[4. Sheldon M. Novick, *Honorable Justice: The Life of Oliver Wendell Holmes* (Boston: Little, Brown, 1989), p. 205.

[5] *Buck v. Bell*, 274 U.S. 200 (1927).

[6] Novick, *Honorable Justice*, p. 283.

[7] *Schenk v. United States*, 249 U.S. 47 (1919).

[8] *Abrams v. United States*, 250 U.S. 616 (1919) (Holmes, J., dissenting).

[9] Novick, *Honorable Justice*, p. 319.

[10] Id. at 263.

[11] Id. at 342.

[12] James Edward Bond, *I Dissent: The Legacy of Chief Justice James Clark McReynolds* (Fairfax, VA: George Mason University Press, 1992), p. 121.

[13] Id. at 123.

[14] *West Coast Hotel v. Parrish*, 300 U.S. 379 (1937).

[15] Marian C. McKenna, *Franklin Roosevelt and the Great Constitutional War: The Court-packing Crisis of 1937* (New York: Fordham University Press, 2002), p. 419.

离开但未被遗忘

[1] Judiciary Act of 1869, 16 Stat. 45 (1869); see also Epstein et al., *The Supreme Court Compendium*, p. 44.

[2] Minor Myers III, "The Judicial Service of Retired United States Supreme

Court Justices," *Journal of Supreme Court History* 32 (2007), p. 47.

[3] Pub. L. No. 75–10, 50 Stat. 24; see also Myers, "Judicial Service," p. 47.

[4] See ibid.; see also Epstein et al., *The Supreme Court Compendium*, p. 44.

[5] Myers, "Judicial Service," p. 47; Epstein et al., *The Supreme Court Compendium*, p. 44.

[6] Myers, "Judicial Service," p. 47.

[7] Ibid.; see also 28 U.S.C. § 371(c).

[8] 28 U.S.C. § 371(a).

[9] 28 U.S.C. § 371(e)(1).

[10] Artemus Ward, *Deciding to Leave: The Politics of Retirement from the United States Supreme Court* (Albany: State University of New York Press, 2003), p. 186.

[11] Id. at 188–189.

[12] Id. at 190.

[13] Id. at 191.

[14] Ibid.

[15] Ibid.

[16] Ibid. (quoting letter).

[17] These figures are derived from Epstein et al., *The Supreme Court Compendium*, pp. 429–435, and updated to include the retirements of Justices Stevens and Souter.

[18] Myers, "Judicial Service," p. 48.

[19] Ibid.

[20] See Epstein et al., *The Supreme Court Compendium*, pp. 429–435.

[21] Id. at 429–430.

[22] Ward, *Deciding to Leave*, pp. 186–189.

[23] Id. at 122–124; see also United States Supreme Court website, "Frequently Asked Questions" (2012), available at http://www.supremecourt.gov/faq_justices.aspx.

[24] G. Edward White, *Justice Oliver Wendell Holmes: Law and the Inner Self* (New York: Oxford University Press, 1995), p. 467; Novick, *Honorable Justice*, p. 375.

[25] White, *Justice Holmes*, p. 467.

[26] Epstein et al., *The Supreme Court Compendium*, p. 431

[27] Ibid.

[28] Id. at 430.

[29] See Supreme Court Historical Society, "John A. Campbell, 1853–1861," available at http://www.supremecourthistory.org/history-of-the-court/associate-justices/john-campbell-1853–1861.

[30] *The Slaughter House Cases*, 83 U.S. 36 (1873).

[31] Epstein et al., *The Supreme Court Compendium*, p. 430.

[32] Id. at 431; see also Supreme Court Historical Society, "Charles Evans Hughes, 1930–1941," available at http://www.supremecourthistory.org/history-of-the-court/chief-justices/charles-evans-hughes-1930–1941.

[33] Epstein et al., *The Supreme Court Compendium*, p. 429.

[34] Roy M. Mersky and William D. Bader, *The First One Hundred Eight Justices* (Buffalo, NY: W. S. Hein, 2004), p. 20.

[35] Epstein et al., *The Supreme Court Compendium*, p. 431.

[36] Id. at 434.

[37] Id. at 430.

[38] Id. at 431; Mersky and Bader, *The First One Hundred Eight Justices*, p. 20.

[39] Ward, *Deciding to Leave*, p. 174.

[40] Ibid.

[41] Ibid.

[42] Ibid.

[43] Epstein et al., *The Supreme Court Compendium*, p. 430.

[44] Id. at 433.

[45] Myers, "Judicial Service," p. 48. This number includes Justices Van Devanter, Reed, Burton, Clark, Stewart, Powell, Brennan, Marshall, White, O'Connor, and Souter. See ibid.

[46] Ibid.

[47] *GTE Sylvania, Inc. v. Continental T.V., Inc.,* 433 U.S. 36 (1977).

[48] Myers, "Judicial Service," p. 53.

[49] Id. at 54.

[50] Id. at 54.

[51] Supreme Court Historical Society, "Stanley F. Reed, 1938–1957,"

available at http://www.supremecourthistory.org/history-of-the-court/associatejustices/stanley-reed-1938–1957.

[52] Myers, "Judicial Service," pp. 49–50.

[53] Id. at 51.

[54] Id. at 54–55.

[55] Id. at 55.

[56] Patrick T. Hand, "Senior Status,"*Washington Lawyer* (July/August 1993), p. 27 (quoting Justice Powell).

[57] Justice O'Connor resignation letter, available at http://www.c-span.org/pdf /resignation_070105.pdf.

最高法院的诸多"第一次"

[1] George Pellew, *John Jay* (New York: Chelsea House, 1980), p. 1.

[2] Id. at 8.

[3] Id. at 235.

[4] Irving Dillard, "John Jay," in Friedman and Israel, *The Justices,* vol. 1, pp. 2, 9.

[5] Pellew, *John Jay*, pp. 235–237.

[6] Id. at 261.

[7] William R. Casto, *The Supreme Court in the Early Republic: The Chief Justiceships of John Jay and Oliver Ellsworth* (Columbia: University of South Carolina Press, 1995), pp. 87–88.

[8] Dillard, "John Jay," in Friedman and Israel, *The Justices,* vol. 1, p. 17.

[9] Leon Friedman, "John Rutledge," in Friedman and Israel, *The Justices,* vol. 1, pp. 23, 35.

[10] Ibid.

[11] Id. at 36.

[12] Ibid.; see also Casto, *The Supreme Court in the Early Republic*, pp. 90–91.

[13] Matthew D. Marcotte, "Advice and Consent: A Historical Argument for Substantive Senatorial Involvement in Judicial Nominations," *New York University Journal of Legislation & Public Policy* 5 (2001), p. 541.

[14] David J. Garrow, "Mental Decrepitude on the U.S. Supreme Court: The Historical Case for a 28th Amendment," *University of Chicago Law Review,* 67 (2000), p. 999.

[15] Casto, *The Supreme Court in the Early Republic*, pp. 93–94.

[16] Id. at 92–93.

[17] Id. at 95.

[18] Ibid.

[19] John Bilyeu Oakley and Robert S. Thompson, *Law Clerks and the Judicial Process: Prescriptions of the Qualities and Functions of Law Clerks in American Courts* (Berkeley: University of California Press, 1980), p. 10.

[20] Paul R. Baier, "The Law Clerks: Profile of an Institution," *Vanderbilt Law Review* 26 (1973), p. 1130.

[21] Ibid.

[22] Mark R. Brown, "Gender Discrimination in the Supreme Court's Clerkship Selection Process," *Oregon Law Review* 75 (1996), pp. 362–363 and n.21; Ruth Bader Ginsburg, "The Washington College of Law Founders Day Tribute," *American University Journal of Gender & Law* 5 (1996), p. 1.

[23] David J. Danelski, "Lucile Lomen: The First Woman to Clerk at the Supreme Court," *Journal of Supreme Court History* 24 (1999), p. 48.

[24] Ginsburg, "Founders Day Tribute," p. 2.

[25] Ibid.

[26] Data compiled by Supreme Court research librarian Jill Duffy.

[27] Kluger, *Simple Justice*, p. 292.

[28] Id. at 292–293.

[29] Dennis J. Hutchinson, *The Man Who Once Was Whizzer White: A Portrait of Justice Byron R. White* (New York: Free Press, 1998), p. 196.

[30] Clare Cushman, *The Supreme Court Justices: Illustrated Biographies, 1789– 1995* (Washington, DC: Congressional Quarterly, 1995), p. 537.

[31] Phyllis A. Kravitch, "Women in the Legal Profession," *Mississippi Law Journal* 69 (1999), pp. 62–63.

[32] Mary L. Clark, "Why Care About the History of Women in the Legal Profession?," *Women's Rights Law Reporter* 27 (2006) p. 60.

[33] *Kaiser* v. *Stickney*, 26 L. Ed. 176 (1880).

[34] Carl E. Swisher, Carl Brent Swisher. and Paul A. Freund, *History of the Supreme Court of the United States,* vol. 5, *The Taney Period, 1836–1864*

(New York: Macmillan, 1974), p. 31.

[35] See Carl Brent Swisher, *Roger B. Taney* (Hamden, CT: Archon, 1961), pp. 316–317.

[36] Id. at 104.

[37] *Watts v. Indiana,* 338 U.S. 49, 54 (1949).

[38] John Henry Hatcher, “Fred Vinson: Congressman from Kentucky. A Political Biography: 1890–1938” (diss. University of Cincinnati, 1967), p. 82.

[39] Id. at 98.

[40] Id. at 95.